Königs Erläuterungen Spezial

Erläuterungen zu

Lyrik des Realismus

von Gudrun Blecken

Für Philipp

Hinweis:
Die Rechtschreibung wurde der amtlichen Neuregelung angepasst.

Das Werk und seine Teile sind urheberrechtlich geschützt. Jede Verwertung in anderen als den gesetzlich zugelassenen Fällen bedarf der vorherigen schriftlichen Einwilligung des Verlages. Hinweis zu § 52 a UrhG: Weder das Werk noch seine Teile dürfen ohne vorherige schriftliche Einwilligung des Verlages öffentlich zugänglich gemacht werden. Dies gilt auch bei einer entsprechenden Nutzung für Unterrichtszwecke!

1. Auflage 2009
ISBN: 978-3-8044-3025-9
© 2009 by Bange Verlag, 96142 Hollfeld
Alle Rechte vorbehalten!
Lektorat: Dr. Oliver Pfohlmann, Bamberg
Titelabbildung: Millet, Les glaneuses
Herstellung: Pia Mankopf, 95339 Neuenmarkt
Druck und Weiterverarbeitung: Tiskárna Akcent, Vimperk

Inhalt

Vorwort 5

I. Der Realismus (1848–1890) 6

1. Begriffsklärung/Zeitspanne 6
2. Zeitgeschichtlicher Hintergrund 10
3. Geistesgeschichtlicher Hintergrund und Literaturtheorie 15
4. Themen und Autoren 24
5. Epochenblatt zur Lyrik des Realismus
   (1848–1890) 46

II. Autoren und ihre Gedichte 48

1. Annette von Droste-Hülshoff (1797–1848) 48
1.1 Kurzbiografie 48
1.2 Beispiel: *Im Grase* (1844) 51

2. Eduard Mörike (1804–1875) 56
2.1 Kurzbiografie 56
2.2 Beispiel: *Fußreise* (1828) 58
2.3 Beispiel: *Das verlassene Mägdlein* (entst. 1829) ... 62
2.4 Beispiel: *An die Geliebte* (entst. 1830) 66

3. Friedrich Hebbel (1813–1863) 69
3.1 Kurzbiografie 69
3.2 Beispiel: *An den Tod* (1837) 70
3.3 Beispiel: *Mysterium* (entst. 1842) 74
3.4 Beispiel: *Sommerbild* (entst. 1844) 77

4. Theodor Storm (1817–1888) 82
4.1 Kurzbiografie 82
4.2 Beispiel: *Abseits* (1848) 83
4.3 Beispiel: *Meeresstrand* (1854) 86
4.4 Beispiel: *Geh nicht hinein* (1879) 88

Inhalt

5.	Gottfried Keller (1819–1890)	93
5.1	Kurzbiografie	93
5.2	Beispiel: *Winternacht* (1851)	94
5.3	Beispiel: *Die Zeit geht nicht* (1851)	98
5.4	Beispiel: *Land im Herbste* (1879)	101
6.	Theodor Fontane (1819–1898)	106
6.1	Kurzbiografie	106
6.2	Beispiel: *Archibald Douglas* (entst. 1854)	107
6.3	Beispiel: *Herr von Ribbeck auf Ribbeck im Havelland* (1889)	114
6.4	Beispiel: *Auf dem Matthäikirchhof* (1889)	117
7.	Conrad Ferdinand Meyer (1825–1898)	121
7.1	Kurzbiografie	121
7.2	Beispiel: *In der Dämmerung* (1864)	122
7.3	Beispiel: *Schwüle* (entst. 1864)	126
7.4	Beispiel: *Die Rose von Newport* (1864)	130
	Glossar	134
	Literaturverzeichnis	153

Vorwort

Der vorliegende Band *Lyrik des Realismus* aus der Reihe *Königs Lyrikinterpretationen* will mit übersichtlichen und auf das Wesentliche konzentrierten Hinweisen in die literarische Epoche einführen und Wege für eine tiefer gehende Beschäftigung eröffnen.

Der erste Teil des Buches präsentiert allgemeine Informationen zur Epoche wie die Begriffsklärung, die Erhellung des zeitgeschichtlichen und geistesgeschichtlichen Hintergrunds und die Vorstellung der charakteristischen Themen und der die Epoche prägenden Autorinnen und Autoren. Er schließt mit einem „Epochenblatt" ab, das im Kern alle Basisinformationen enthält und sofort beispielsweise als Kopiervorlage für den Unterricht eingesetzt werden kann.

Der zweite und umfangreichere Teil des Buches beschreibt die prominenten Dichterinnen und Dichter der Epoche anhand exemplarischer lyrischer Texte. Die erarbeiteten Deutungen der Texte orientieren sich an textimmanenten und biografisch-historischen Interpretationsansätzen. Dabei sind die Deutungen der Gedichte grundsätzlich als Vorschläge und keinesfalls als feststehende Bedeutungszuschreibungen aufzufassen, was dem mehrdeutigen Charakter literarischer Texte zuwiderlaufen würde. Ein Glossar rundet das Angebot ab.

Das Buch eignet sich für Schülerinnen und Schüler, die sich intensiv auf die jeweilige Epoche oder ganz allgemein das Unterrichtsthema „Gedichtinterpretation" vorbereiten wollen. Für Lehrerinnen und Lehrer soll es Unterrichtsanregungen bieten, gleichzeitig stellt die Auswahl von Gedichten, die weniger bekannt sind und damit auch weniger in der einschlägigen Schülerlernhilfenliteratur auftauchen, auch einen möglichen Vorrat „geheimer Texte" für Klassenarbeiten dar.

I. Der Realismus (1848–1890)

1. Begriffsklärung/Zeitspanne

Wirklichkeitstreue statt romantischer Überhöhung

Mit **„Realismus"** (von lat. „res", „die Sache") wird ganz allgemein eine wirklichkeitsgetreue künstlerische Darstellung mit angemessenen Mitteln ohne romantische oder andersartige spekulative Überhöhung bezeichnet.

Der Begriff steht für eine europäische Literaturepoche bzw. -strömung zwischen der Romantik und dem Naturalismus, im weiteren Sinne also **zwischen 1830 und 1890,** im engeren Sinn (ohne Biedermeier und Junges Deutschland) von 1848/50–1890. Für die Bezeichnung dieser Epoche der deutschen Literatur sind neben „Realismus" auch die Begriffe „poetischer Realismus" (Begriff schon bei Schelling 1802, dann bei Otto Ludwig 1871) sowie „bürgerlicher Realismus" eingeführt, letzterer ist marxistisch geprägt und betont sozialkritische Tendenzen der realistischen Literatur.

Die Bezeichnung **„Biedermeier"** gilt als Sammelbegriff für eine literarische Strömung zwischen 1820 und 1850, die als Wertvorstellungen den Rückzug ins Private der Familie sowie bürgerliche Tugenden wie **Fleiß, Wohlanständigkeit und Bescheidenheit** proklamierte. Der Begriff tauchte mit einem negativ-parodierenden Inhalt erstmals 1850 in Ludwig Eichrodts (1827–1892) *Gedicht des schwäbischen Schullehrers Gottlieb Biedermeier und seines Freundes Horatius Treuherz* auf. Als wertfreie Bezeichnung für eine Kunstströmung wurde der Begriff dann erst im 20. Jahrhundert benutzt (Max von Boehn *Biedermeier, Deutschland von 1815–1847;* 1911). In den Dichtungen von Annette von Droste-Hülshoff und Eduard Mörike

Bändigung der Affekte

finden sich biedermeierliche Ideale, beispielsweise die Anerkennung des stillen, privaten Glücks, die **Bändigung der Affekte,** die Liebe zum Klei-

nen, scheinbar Unbedeutenden, das stimmungsvolle Naturerleben und die Annahme einer in der Natur wirkenden mythischen Kraft.
Die realistische Literatur begann außerhalb des deutschsprachigen Raums: in Russland mit Schriftstellern wie Lew Tolstoi (1828–1910), Iwan Turgenjew (1818–1883), Fjodor Dostojewski (1821–1881), in Frankreich mit Dichtern wie Stendhal (eigentl. Marie Henry Beyle, 1783–1842), Honoré de Balzac (1799–1850), Émile Zola (1840–1902) und auch teilweise in England/USA mit Dichtern wie Charles Dickens (1812–1870), Robert Louis Stevenson (1850–1894), Mark Twain (1835–1910) und Rudyard Kipling (1865–1936). In der deutschen Literatur hat der Realismus mit Conrad Ferdinand Meyer (1825–1898), Annette von Droste-Hülshoff (1797–1848), Theodor Fontane (1819–1898), Theodor Storm (1817–1888), Gottfried Keller (1819–1890), Friedrich Hebbel (1813–1863), Otto Ludwig (1813–1865), Adalbert Stifter (1805–1868), Wilhelm Raabe (1831–1910) und Gustav Freytag (1816–1895) seine wichtigsten Protagonisten.
Im deutschen Realismus lassen sich zwei Phasen unterscheiden. In der **programmatischen Phase** von 1848–1866 wurde die realistische Literaturtheorie in Abgrenzung zu den vorherigen literarischen Richtungen entworfen. In der zweiten Phase ab 1866 fanden sich dann nur noch wenige programmatische Äußerungen, an ihre Stelle traten die literarischen Realisierungen der Konzepte, vor allem in den Spätwerken der genannten Dichter.
Die realistische Poetologie verlangt eine **unvoreingenommene Betrachtung der Welt** ohne Wertungen und Meinungen des lyrischen Ichs, ohne Schwärmerei, Fantasiekult und Unendlichkeitsstreben der Romantik, ohne Idealisierung der Klassik, aber auch ohne Politisierungen, wie sie die Vormärz-Literatur (z. B. Heinrich Heine, Georg Herwegh) vorgenommen hatte. Gleichzeitig ist Realismus mehr als nur Darstellung vor Realität, er will **das „Wahre"** herausarbeiten. Theodor Fontane drückt diesen Sachverhalt in seinem Aufsatz *Unsere lyrische und epische Poesie seit 1848* (1853) folgendermaßen aus:

1. Begriffsklärung/Zeitspanne

> *„Vor allem verstehen wir nicht darunter das nackte Wiedergeben alltäglichen Lebens, am wenigsten seines Elends und seiner Schattenseiten. Traurig genug, dass es nötig ist, derlei sich von selbst verstehende Dinge noch erst versichern zu müssen. Aber es ist noch gar nicht so lange her, dass man (namentlich in der Malerei) Misere mit Realismus verwechselte und bei der Darstellung eines sterbenden Proletariers, den hungernde Kinder umstehen, oder gar bei Produktionen jener so genannten Tendenzbilder (…) sich einbildete, der Kunst eine glänzende Richtung vorgezeichnet zu haben. Diese Richtung verhält sich zum echten Realismus wie das rohe Erz zum Metall: Die Läuterung fehlt. / (…) Wenn wir in Vorstehendem – mit Ausnahme eines einzigen Kernspruchs – uns lediglich negativ verhalten und überwiegend hervorgehoben haben, was der Realismus nicht ist, so geben wir nunmehr unsere Ansicht über das, was er ist, mit kurzen Worten dahin ab: Er ist die Widerspiegelung alles wirklichen Lebens, aller wahren Kräfte und Interessen im Elemente der Kunst; er ist, wenn man uns diese scherzhafte Wendung verzeiht, eine ‚Interessenvertretung' auf seine Art. Er umfängt das ganze reiche Leben, das Größte wie das Kleinste: den Kolumbus, der der Welt eine neue zum Geschenk machte, und das Wassertierchen, dessen Weltall der Tropfen ist; den höchsten Gedanken, die tiefste Empfindung zieht er in seinen Bereich, und die Grübeleien eines Goethe wie Lust und Leid eines Gretchen sind sein Stoff. Denn alles das ist wirklich. Der Realismus will nicht die bloße Sinnenwelt und nichts als diese; er will am allerwenigsten das bloß Handgreifliche, aber er will das Wahre. Er schließt nichts aus als die Lüge, das Forcierte, das Nebelhafte, das Abgestorbene – vier Dinge, mit denen wir glauben, eine ganze Literaturepoche bezeichnet zu haben."*[1]

In der realistischen Dichtung soll also **das verborgene Wesenhafte der Wirklichkeit** gestaltet werden. Die **Wirklichkeit wird**

---

1 Fontane, *Realismus*, S. 147.

1. Begriffsklärung/Zeitspanne

als Symbolraum betrachtet, in dem mit konkreten Gegenständen auf das Überzeitliche verwiesen wird:

> *„Realistische Dichtung bezieht ihr Material zwar aus der wirklichen Welt, verwandelt es aber unter spezifisch künstlerischen Form- und Strukturgesetzen und weist in ihrer autonomen Beschaffenheit als Symbolstruktur über die eigenen Wirklichkeit hinaus in die reale Welt zurück."*[2]

Ein weiterer Aspekt der realistischen Literatur ist die **Wiedergabe der sozialen, ökonomischen und politischen Zusammenhänge**, in die eine Figur eingebettet ist. Diese Wiedergabe findet vor allem im Roman und im Drama statt, in denen das Leben beschrieben wird, wie es „eigentlich" ist (Leopold von Ranke).

Die zentrale Frage dieser literarischen Epoche betraf die Einordnung des Einzelnen in das gesellschaftliche Leben, in Alltag und Arbeit. Zentrale anthropologische Fragen wurden zwar überwiegend optimistisch, aber ohne religiösen Gehalt behandelt.

> Einordnung des Einzelnen ins Ganze

Besonders im Spätwerk Fontanes finden sich das Streben nach der Verwirklichung von Humanität ebenso wie Diesseitsfreude und Sinnenzugewandtheit. Ausgesprochen pessimistisch-negativ geriet die Realitätsdarstellung dann erst in der folgenden Epoche des Naturalismus.

Bei den französischen Realisten findet sich dagegen bereits in den 1830er Jahren die Entlarvung der gesellschaftlichen Wirklichkeit als bürgerliche Illusion (Stendhal). Die deutschsprachige Dichtung neigt dagegen eher zu einer idyllisierenden Resignation (Keller) und zu einer ausgeprägten regionalen Bindung (Storm, Keller). Auch Sozialkritik findet sich bei den deutschen Vertretern des Realismus eher selten (anders als zum Beispiel in den Romanen Charles Dickens' oder in den psychologischen Studien der russischen Realisten).

---

2 Huyssen, S. 16.

2. Zeitgeschichtlicher Hintergrund

Das Entstehen des literarischen Realismus hängt eng zusammen mit den politischen, wirtschaftlichen und kulturellen Gegebenheiten in der zweiten Hälfte des 19. Jahrhunderts. Huyssen fasst die wesentlichen Punkte zusammen:

> *„Entscheidend für das Entstehen des bürgerlichen Realismus war eine Verunsicherung und Verstörung des Realitätsbewusstseins im Zeitalter der gescheiterten politisch-sozialen Revolution, des wirtschaftlich industriellen Aufschwungs und der Entwicklung zur modernen Massengesellschaft nach 1871 bei einer gleichzeitigen explosionsartigen Anhäufung wissenschaftlicher Einzelerkenntnisse in Naturwissenschaft und Technik, Ökonomie und Psychologie."*[3]

Mit der „gescheiterten politisch-sozialen Revolution" ist die fehlgeschlagene demokratische Revolution von 1848 gemeint. Während der Märzunruhen im Jahre 1848 wollten demokratische Kräfte mehr als drei Jahrzehnte nach dem Wiener Kongress endlich eine Republik schaffen. Am 18. Mai 1848 trat in der Paulskirche in Frankfurt am Main die deutsche Nationalversammlung mit dem Ziel zusammen, die verschiedenen Territorialstaaten zu einen und eine gemeinsame demokratisch-republikanische Verfassung zu schaffen. Dieses Vorhaben scheiterte letztlich an der mangelnden Geschlossenheit des bürgerlichen Lagers, das in einen republikanischen und einen konservativen Flügel gespalten war. Republikanische Regierung und die verabschiedete Verfassung waren ohne Durchsetzungskraft, und bereits 1849 wurde die Nationalversammlung aufgelöst.

Die Enttäuschung der politisch-sozialen Hoffnungen führte dazu, dass in den 1850er Jahren in weiten Teilen des Bürgertums **der freiheitlich-demokratische Erneuerungsgedanke aufgegeben wurde.** Das Bürgertum zog sich ins Private zurück und fand zugleich in der Wirtschaftspolitik ein neues Betätigungsfeld. Denn

---

[3] Ebd., S. 16 f.

gleichzeitig mit der politischen Resignation erlebte Deutschland in den 1850er Jahren einen noch nicht da gewesenen **wirtschaftlich-industriellen Aufschwung:** Von England ausgehend, erfasste die „industrielle Revolution" auch Deutschland, mit allen damit einhergehenden Problemen wie Entstehung von Industriezentren, Verdrängung des traditionellen Handwerks, Landflucht und zunehmende Proletarisierung weiter Bevölkerungsteile, die nichts als ihre Arbeitskraft „verkaufen" konnten.

> Rückzug ins Private

Industrialisierung und „Soziale Frage"

Die **Mechanisierung der Produktion** nahm im 19. Jahrhundert zu, vor allem durch die Weiterentwicklung der Dampfmaschine 1769 durch den schottischen Ingenieur James Watt (1736–1819) und durch die Einführung des vollmechanisierten Webstuhls 1785 durch den britischen Erfinder Edmond Cartwright (1743–1823). Diese Neuerungen ermöglichten im Textilgewerbe eine enorme Ausweitung der Produktion unter gleichzeitiger Verringerung der Zahl der Arbeitskräfte, führten aber auch in anderen Bereichen zu einer Ausweitung der Produktion (z. B. Stahlherstellung, Maschinenbau, Verkehr). Der in den 1830er Jahren einsetzende Bau von Eisenbahnlinien (1835: erste Eisenbahnlinie von Nürnberg nach Fürth) und die Einführung des neuen Kommunikationsmittels Telegrafie (1836 vom Amerikaner Samuel F. B. Morse, 1791–1872, erfunden) verbesserten die Infrastruktur und die Vertriebswege der produzierten Güter. Die Mechanisierung erfasste auch die Landwirtschaft und führte zu einem sukzessiven Abbau der Beschäftigtenzahl. Immer mehr ehemals auf dem Land Beschäftigte suchten daraufhin ein Auskommen in den neu entstehenden Industriezentren, was zu einem starken **Bevölkerungswachstum** in den Städten führte (Urbanisierung).

Die aufblühenden Industrien und der Bergbau hatten einen großen Bedarf an Arbeitskräften, allerdings boten sie dem neu entstehenden „Vierten Stand", dem Proletariat, denkbar schlechte

2. Zeitgeschichtlicher Hintergrund

Arbeitsbedingungen (keine Versicherung, lange Arbeitszeiten, gesundheitsgefährdende Arbeitsbedingungen, Kinderarbeit). Die philosophisch-soziologische Reaktion auf die wirtschaftlichen Veränderungen im Zuge der industriellen Revolution in Europa ist in den Werken von Karl Marx (1818–1883) und Friedrich Engels (1820–1895) greifbar: 1848 erschien ihr *Kommunistisches Manifest*, 1867 publizierte Marx sein Hauptwerk *Das Kapital*. Die zum Teil äußerst schwierigen Arbeits- und Lebensbedingungen des neuen Proletariats beschäftigten in der zweiten Hälfte des 19. Jahrhunderts zunehmend die Politik. Man suchte nach Lösungen der so genannten **„Sozialen Frage"**, beispielsweise durch firmeninterne Pensions- und Krankenkassen (Krupp 1855/1836) und durch die Sozialgesetzgebung Otto von Bismarcks (1815–1898) in den 1880er Jahren, bei der erstmals Gesetze zur Krankenversicherung, Unfallversicherung, Alters- und Invaliditätsversicherung erlassen wurden. Auch die Gründung des Allgemeinen Deutschen Arbeitervereins durch Ferdinand Lassalle (1825–1864) im Jahr 1863 und der Sozialdemokratischen Arbeiterpartei 1869 durch Wilhelm Liebknecht (1826–1900) und August Bebel (1840–1913) sind vor dem Hintergrund der Sozialen Frage zu betrachten.

Reichsgründung und Gründerzeit
Zwischen den beiden Großmächten Österreich und Preußen, die mit anderen deutschen Fürstenstaaten seit 1815 im **Deutschen Bund** lose vereint waren, traten nach der Wiedergründung des Bundes 1850 immer wieder Spannung auf. 1862 wurde Otto von Bismarck zum preußischen Ministerpräsidenten ernannt, vier Jahre später legte er einen Plan vor, nach dem ein aus allgemeinen, direkten und gleichen Wahlen hervorgegangenes deutsches Parlament einberufen werden sollte. Dieser Plan hätte letztlich zu einer Verdrängung der Donaumonarchie aus Deutschland geführt, da die deutsche Bevölkerung im Vielvölkerstaat Österreich-Ungarn in der Minderheit war. Es kam daher 1866 zum „Deutschen Krieg" um die Vormachtstellung im Deutschen Bund, den Preußen für sich ent-

2. Zeitgeschichtlicher Hintergrund

scheiden konnte. Österreich schied aus dem Deutschen Bund aus; Preußen bildete zusammen mit 19 deutschen Staaten nördlich des Mains sowie Hamburg, Bremen und Lübeck den **Norddeutschen Bund.** Er war in Ansätzen bereits föderal konzipiert, da er den Einzelstaaten die Hoheit über ihre inneren Angelegenheiten beließ, die Verantwortung für die Außen- und Verteidigungspolitik aber an Preußen abtrat.

Der **Gründung des Deutschen Reichs** im Jahre 1871 ging der deutsch-französische Krieg 1870/1871 voraus, der nationalistische Tendenzen wieder aufleben ließ: Im Sommer 1870 kam es im Zuge der Auseinandersetzungen um die spanische Thronfolge („Emser Depesche") zum Krieg zwischen Frankreich und Preußen, der schnell zugunsten Preußens entschieden werden konnte. Im November 1870 traten dann auch die süddeutschen Staaten Baden, Württemberg, Bayern und Hessen dem Norddeutschen Bund bei und bildeten unter der Führung Preußens einen deutschen Nationalstaat (Deutsches Reich). Die eigentliche Reichsgründung geschah am 18. Januar 1871 im Spiegelsaal von Versailles, wo der preußische König Wilhelm I. zum deutschen Kaiser proklamiert wurde. Otto von Bismarck wurde Reichskanzler.

der Kaiser und sein Kanzler

Nach der Reichsgründung erlebte Deutschland einen wirtschaftlichen Aufschwung, der als **„Gründerzeit"** in die Geschichte eingegangen ist. Zahlreiche neue Unternehmen entstanden; neben Adel, Kleinbürgertum und Proletariat entwickelte sich ein neureiches Großbürgertum. Grundlage des Aufschwungs waren die französischen Kriegsentschädigungen sowie ordnungspolitische Maßnahmen wie die Herstellung einer Münz- und Währungseinheit und die Vereinheitlichung des Rechtswesens – in diesen Punkten konnten sich liberale Anschauungen durchsetzen, ein Erfolg der Zusammenarbeit Bismarcks mit der nationalliberalen Partei. Auch das Verhältnis von Staat und Kirche wurde neu geregelt: Der so genannte **„Kanzelparagraf"** (1871) verbot Pfarrern politische Äußerungen während des Gottesdienstes, die kirchliche Schulaufsicht wurde auf

2. Zeitgeschichtlicher Hintergrund

den Staat übertragen (1872), die Zivilehe (1875) wurde eingeführt. Die Auseinandersetzung zwischen Preußen und katholischer Kirche mündete zeitweilig in den so genannten „Kulturkampf". Das wichtigste innenpolitische Thema war jedoch die Auseinandersetzung mit dem als bedrohlich empfundenen Sozialismus. Mit dem „Sozialistengesetz" (1878) verbot Bismarck sämtliche sozialistischen, sozialdemokratischen und kommunistischen Vereinigungen. Zugleich wurde versucht, mit einer neuen **Sozialgesetzgebung,** die zum Schutze der Arbeiter notwendige Gesetze erließ, die Erfolge der Sozialisten einzudämmen. Differenzen mit dem neuem Kaiser Wilhelm II. (1859–1941) gerade in der sozialen Frage führten 1890 zur Entlassung Bismarcks. Wilhelm II. prägte eine zunehmend imperialistisch ausgerichtete Politik, die dann 1914 in den Ersten Weltkrieg führte.

Kulturkampf und Sozialistengesetz

3. Geistesgeschichtlicher Hintergrund und Literaturtheorie

Philosophie und Literatur reagierten auf die oben beschriebenen politischen und wirtschaftlichen Veränderungen, indem sie sich vom Idealismus als Weltdeutungsprinzip verabschiedeten. Die Welt wurde nicht mehr als Manifestation des menschlichen Geistes angesehen, wie es grundlegend für die philosophischen Entwürfe im deutschen Idealismus gewesen war (Immanuel Kant, 1724–1804, Johann Gottlieb Fichte, 1762–1814, Georg Wilhelm Friedrich Hegel, 1770–1831).

In der **Politik** verzichtete man auf den idealistischen Anspruch, Moral und politische Entscheidungen in Einklang zu bringen. Nicht mehr gesellschaftliche Veränderung, sondern einzig Anpassung an die gegebenen Realitäten wurde verlangt. Es herrschte das Prinzip der so genannten „Realpolitik", das die politischen Entscheidungen stets an den realen Bezügen maß. Der Publizist Ludwig August von Rochau (1810–1873) drückte das Prinzip so aus:

> Realpolitik

> *„Eine richtige politische Praxis, welche weiteren Ziele sie auch im Auge hat, kann sich niemals weigern, auch die unwillkommensten Tatsachen gelten zu lassen, was sie wert sind, und sich in dasjenige Verhältnis zu denselben zu setzen, welches ihr die besten Gelegenheiten gibt, diese Tatsachen für ihre Zwecke auszubeuten, sei es auch nur zur möglichsten Abschwächung des daraus entspringenden Schadens. Insbesondere mit der obersten Staatsgewalt selbst ist eine solche Abfindung ganz unvermeidlich für einen jeden, der unter dem Gesetze derselben lebt, denn die Unterwerfung unter dieses Gesetz ist eine Anerkennung desselben und also ein Kompromiss mit der Macht, von welcher dasselbe ausgeht. Um sich dieser Notwendigkeit zu entziehen, bleibt nichts übrig als die Auswanderung oder der Krieg auf eigene Hand (…)."*[4]

---

[4] Rochau, S. 64.

3. Geistesgeschichtlicher Hintergrund

Gegenüber der Forderung nach mit den realen Verhältnissen übereinstimmendem praktischen Handeln gerieten Dichtung und Philosophie in eine zweitrangige Position. Die Realpolitik berücksichtigte die Fortschritte in Naturwissenschaft und Technik, Verkehr und Industrialisierung. Eine Orientierung an der Wirklichkeit und eine Abkehr von metaphysischen Spekulationen fand sich auch in **Philosophie** und in **Theologie.** Ludwig Feuerbach (1804–1872), einer der ersten deutschen Vertreter des Materialismus, kritisierte die spekulative Philosophie Schellings und Hegels und forderte die Ablösung der (christlichen) Religion durch eine anthropologische Deutung („Die Religion ist die *Reflexion*, die *Spiegelung des menschlichen Wesens in sich selbst*", *Das Wesen des Christentums*, 1841) und Anerkennung des Menschen als Sinnenwesen. **Feuerbach** initiierte einen ausgeprägten Fortschrittsglauben und beeinflusste Philosophen wie Karl Marx und Friedrich Nietzsche (1844–1900), aber auch Dichter wie Gottfried Keller und Friedrich Hebbel. Der Arzt und Philosoph Ludwig Büchner (1824–1899) entwickelte eine rein materialistisch-realistische Natur- und Weltordnungslehre (*Kraft und Stoff*, 1855). Büchner provozierte seine Zeitgenossen, indem er die Existenz Gottes ebenso leugnete wie den freien Willen, Geist und Gehirn stünden in einem ähnlichen Verhältnis „wie die Galle zur Leber oder Urin zu den Nieren"[5]. Der französische Philosoph **Auguste Comte** (1798–1857) begründete den soziologischen Positivismus und forderte die Wendung von der Spekulation hin zu den Erfahrungswissenschaften (Empirie: das „positiv Gegebene").

Der Realismus hielt auch in der Theologie Einzug: David Friedrich Strauss (1808–1874) begründete eine historisch ausgerichtete „Leben-Jesu-Forschung". Eine dezidierte Abkehr vom religiösen Schöpfungsglauben findet sich in der **Evolutionstheorie** Charles Darwins (1809–1882) mit ihrer kausalgesetzlich-mechanistischen Begründung des Seelenlebens und der Natur (*Über den Ursprung der Arten durch natürliche Zuchtwahl*, 1859). „Vererbung", „Anpassung",

> Materialismus und Positivismus

---

5   Zitiert nach: Rinsum, S. 28.

3. Geistesgeschichtlicher Hintergrund

"natürliche Selektion", "Survival of the Fittest" wurden zu heftig diskutierten Stichworten, die bald auch in der Politik Karriere machten ("Sozialdarwinismus"). In Deutschland popularisierte der Zoologe Ernst Haeckel (1834–1919) mit seinen Schriften die Evolutionslehre (*Natürliche Schöpfungsgeschichte*, 1868; *Die Welträtsel*, 1899).

Auch in der **Geschichtswissenschaft** findet sich das "Realitätsprinzip" wieder: So befreite Leopold von Ranke (1795–1886) die Historik von ihrer philosophischen Prägung, indem er den quellenkritischen Ansatz einführte, der eine größtmögliche Objektivität bei der Darstellung der Ereignisse einer Zeit zum Ziel hatte. Das quellenkritische Prinzip wurde im 19. Jahrhundert zur Grundlage jeder ernsthaften philologischen Forschung.

Bedeutend für das Bürgertum wurde nach 1850 auch die Philosophie Arthur Schopenhauers (1788–1860). Schopenhauers Hauptwerk *Die Welt als Wille und Vorstellung* (1819/1844) verkündete eine pessimistische, dem Buddhismus nahe stehende Weltsicht: Hinter dem leeren Schein der sichtbaren Realität steht nur ein blinder, alles beherrschender, fortdauerndes Leiden verursachender Lebenswille. Die Welt ist eine Hölle; Schmerz und Leid sind allgegenwärtig. Erlösung von diesem **blinden, ziellosen Willen** ist allein durch die Kunst (v. a. durch die Musik) und die Askese, also Abtötung des Triebes, möglich. In Schopenhauers Gedankenwelt fand das Bürgertum nicht nur eine Rechtfertigung für seinen Verzicht auf politisches Engagement, sondern auch für seine Flucht in ästhetische Scheinwelten (die Kunst als tröstliche Gegenwelt zu den Anforderungen der Realität).

> *Die Welt als Wille und Vorstellung*

Literaturtheorie

Die **Orientierung an der Wirklichkeit,** die den wissenschaftstheoretischen und gesellschaftskulturellen Diskurs der zweiten Hälfte des 19. Jahrhunderts bestimmte, blieb nicht ohne Wirkung auf die literarische Produktion. Dennoch wäre es falsch anzunehmen, dass die Abkehr von Spekulation und Idealisierung in der Dichtkunst zu

3. Geistesgeschichtlicher Hintergrund

einer bloßen Widerspiegelung (bzw. einem Abklatsch) der Realität der Zeit führte. Vielmehr wurde in den programmatischen Reflexionen zwischen einem „falschen Realismus" (bloße Wiedergabe von Realität) und einem „wahren Realismus" (Erkenntnis des Charakteristischen, Typischen, Wesenhaften in den Erscheinungen) unterschieden wie in dem folgenden Zitat des Literaturhistorikers Julian Schmidt (1818–1886):

> *„Untersuchen wir den Begriff des Realismus seiner Natur nach, so entdecken wir zwei Momente darin, je nachdem man ihn auf die Beobachtung oder die Darstellung anwendet.*
> *Der wahre Realismus der Beobachtung liegt darin, dass man bei jeder Individualität in der Natur, der Geschichte und im wirklichen Leben schnell die charakteristischen Züge herausfindet, mit andern Worten, dass man Sinn für Realität hat, für den wahren Inhalt der Dinge. Der falsche Realismus der Beobachtung liegt darin, dass man bei dem schärfsten Auge für die einzelnen Züge des Lebens nicht zu unterscheiden vermag, welche charakteristisch sind und welche nicht. In dem bekannten Sprichwort, dass es für den Bedienten keinen Helden gibt, ist der Bediente ein falscher Realist. (...) Der wahre Realismus in der Darstellung, oder, allgemein gesagt, in der Kunst, liegt darin, dass man über die nötige Technik, sei es in Bezug auf Pinsel und Palette oder auf den Meißel, auf den Ton oder auf das Wort, so frei disponieren kann, dass man die zur Charakteristik notwendigen Mittel, die das Leben nachbilden und das Leben hervorbringen, augenblicklich bei der Hand hat. Der falsche Realismus in der Kunst liegt darin, dass man bei der glänzendsten Virtuosität in der Technik diejenigen Momente, die das Leben hervorbringen, nicht richtig zu wählen weiß: Es ist derselbe Gegensatz wie zwischen dem Künstler und dem Virtuosen."*[6]

„wahrer" und „falscher" Realismus

---

6   Schmidt, S. 120 f.

3. Geistesgeschichtlicher Hintergrund

Den Realisten ging es um gestaltete Abbilder der Wirklichkeit (deshalb „poetischer Realismus"); zufällige Elemente blieben ausgespart. Daher grenzten sie sich auch scharf von den gegen Ende des 19. Jahrhunderts aufkommenden naturalistischen Tendenzen ab. So schreibt der Schriftsteller Otto Ludwig dezidiert: „Der Begriff des poetischen Realismus fällt keineswegs mit dem Naturalismus zusammen; oder mit dem des naturalistischen Realismus der künstlerische."[7] In der realistischen Literatur ging es darum, die Welt unverfälscht zu zeigen; alles, was jenseits des Realen lag, sollte literarisch unberücksichtigt bleiben. Der Mensch sollte so dargestellt werden, wie er natürlicherweise ist, im Kampf gegen die Gewalt der Umwelt und gegen seine eigene Begrenztheit. Im Unterschied zum Naturalismus zeigte der Realismus den Menschen noch nicht als Produkt dieser Umwelt:

> „Zwar stellte der bürgerliche Realismus den Menschen nicht wie der Naturalismus als Produkt materieller Kräfte dar, aber der Kampf mit diesen Kräften, die Suche nach Gleichgewicht, führte fast immer zum Scheitern im Tode oder zu Entsagung und Resignation."[8]

In einer der berühmtesten Novellen der Biedermeier-Zeit, in der *Judenbuche* von Annette von Droste-Hülshoff, wird der **Einfluss des Milieus** auf die Entwicklung des Menschen zumindest bereits angedeutet. Das Eingangsmotto der Novelle, ein an Joh. 8,7 orientierter Merkspruch, thematisiert die Prägung des Menschen durch das „Wort, das unvergessen / In junge Brust die zähen Wurzeln trieb".[9] Auch wenn die Auffassung, dass der Mensch ein Produkt seiner Umwelt ist, schon angedeutet ist, überwiegt in diesem Motto der am Neuen Testament orientierte Vergebungsappell; auf diese Weise wird der Mensch an eine ihm überlegene Ordnung erinnert:

---

7   Ludwig, S. 148.
8   Huyssen, S. 17.
9   Droste-Hülshoff, *Die Judenbuche*, S. 629.

3. Geistesgeschichtlicher Hintergrund

„Wo ist die Hand so zart, dass ohne Irren
Sie sondern mag beschränkten Hirnes Wirren,
So fest, dass ohne Zittern sie den Stein
Mag schleudern auf ein arm verkümmert Sein?
5 Wer wagt es, eitlen Blutes Drang zu messen,
Zu wägen jedes Wort, das unvergessen
In junge Brust die zähen Wurzeln trieb,
Des Vorurteils geheimen Seelendieb?
Du Glücklicher, geboren und gehegt
10 Im lichten Raum, von frommer Hand gepflegt,
Leg hin die Waagschal', nimmer dir erlaubt!
Lass ruhn des Stein – er trifft dein eignes Haupt!"[10]

Das Bemühen, Mensch und Umwelt unter dem Gesichtspunkt einer dem Individuum überlegenen Ordnung zusammenzudenken, führte zuweilen wie im Biedermeier zu einer **resignativen** Haltung. Die (gesellschaftlichen) Gründe für diese Haltungen wurden nicht klar benannt (vgl. z. B. Fontanes *Effi Briest*, 1895), zuweilen ermöglichte angesichts des Unveränderbaren und der Vergänglichkeit allein der **Humor** eine Distanzierung. Die humoristische Schreibhaltung steigerte sich bei Keller und Raabe ins Groteske und Ironische, bei Storm und Fontane glitt sie gelegentlich auch ins Rührselige und Sentimentalisch-Elegische ab:

> *„Das ausgeprägte Bewusstsein irdischer Vergänglichkeit und Nichtigkeit, das in verschiedenen Abstufungen bei allen Schriftstellern der Zeit zu beobachten ist, führte zu Zweifel, Ironie und Resignation. Zu dieser Melancholie der Spätzeitlichkeit gesellte sich jedoch die Einsicht, dass man sich dem Neuen nicht verschließen könne. Lebensvertrauen und Hoffnung auf die Zukunft waren nicht ganz begraben, erwiesen sich aber nicht als stark genug zur engagiert konstruktiven Kritik oder gar zur konkreten Utopie."*[11]

---

10 Ebd.
11 Huyssen, S. 20 f.

3. Geistesgeschichtlicher Hintergrund

Die **Prosa** gehört zu den bevorzugten literarischen Gattungen des Realismus. Vor allem die **Novelle** als „Schwester des Dramas" (Storm) wurde von Dichtern wie Gottfried Keller, Theodor Storm und C. F. Meyer gestaltet. Die Novelle war beliebt, weil sie es ermöglichte, die (objektive) **Ordnung einer geschlossenen Form** mit der (subjektiven) **Zuspitzung auf ein individuelles Problem** zusammenzubringen. In der Novelle wurde das Wesentliche eines Menschenlebens behandelt und alles Nebensächliche ausgeschieden: So findet sich in Storms Novelle *Der Schimmelreiter* (1888) neben regionalen Anspielungen die Problematisierung eines rücksichtslosen Fortschrittsdenkens auf Kosten humaner Ideale.

Die epische Großform bevorzugte den **Entwicklungsroman** (Keller, Raabe, Stifter, O. Ludwig, Fontane) und den historischen Roman (C. F. Meyer). An dieser Gattung interessierte vor allem die Darstellung der Charakterentwicklung und der gesellschaftlichen Umgebung (vgl. Kellers *Grüner Heinrich*, 1854/1855). Auch das Drama gestaltete eindringliche Milieuschilderungen, z. B. in Hebbels *Maria Magdalena* (1846).

Die Lyrik knüpfte zunächst an die **Erlebnislyrik** an, wie sie von Goethe und den romantischen Dichtern vorbereitet worden war (z. B. Hebbel, Keller). Theodor Storm, dessen Texte sich oftmals durch eine typische impressionistische Stimmungsmalerei auszeichnen, bestimmte als eine Aufgabe des Dichters, eine **Unmittelbarkeit des Erlebens** im lyrischen Text zu ermöglichen:

„Die eigentliche Aufgabe des lyrischen Dichters besteht aber unsrer Ansicht nach darin, eine Seelenstimmung derart im Gedichte festzuhalten, dass sie durch dasselbe bei dem empfänglichen Leser reproduziert wird, wobei freilich der Wert und die Wirkung des Gedichtes davon abhängen wird, dass sich die individuellste Darstellung mit dem allgemeingültigsten Inhalt zusammenfinde. Die besten lyrischen Gedichte sind daher auch immer unmittelbar aus der vom Leben gegebenen Situation heraus geschrieben worden; die höchste Gefühlserregung wird, wie das jeder schon im täglichen

3. Geistesgeschichtlicher Hintergrund

Leben an sich erfahren mag, auch immer den schlagendsten Ausdruck finden".[12]

In **formaler Hinsicht** pflegt das realistische Gedicht einen einfachen Rhythmus, einen unkomplizierten Strophenbau und einen knappen, nüchternen und jedes Extrem vermeidenden Stil, der als Ideal eines „echten" persönlichen Tons begriffen wurde. Inhaltlich werden grundlegende existenzielle und traditionelle Motive wie Liebe, Trauer, Glück, Natur, Sehnsucht und Erinnerung aufgegriffen. Neben einer überwiegend klar an **konkreten Gegenständen ausgerichteten Bildsprache** ist es für die realistische Lyrik charakteristisch, dass sie das Individuum bzw. das lyrische Ich in einem festen Kontext im gesellschaftlichen Hier und Jetzt verortet, der die äußere Hülle darstellt, in der das Wesentliche sichtbar wird. Der **lyrische Grundton** wird durch Ruhe, Gelassenheit und auch Resignation angesichts des Bewusstseins der Vergänglichkeit und Begrenztheit bestimmt. Erst C. F. Meyer vollzieht die Ablösung vom traditionellen Erlebnisgedicht und weist durch seine eher **symbolische Bildlichkeit** auf die moderne Lyrik voraus.

> das Wesentliche sichtbar machen

Beliebte Gedichttypen sind neben der **Ballade** das **Dinggedicht**, in dem eine Pflanze, ein Tier oder ein Gegenstand zum Mittelpunkt wird und die Realität ohne „poetische Manipulation" zur Geltung kommt. Im Dinggedicht wird das Wesentliche poetisch gestaltet, indem es befreit wird von allem bloß Zufälligen. Ein typisches Beispiel dafür ist Meyers *Der römische Brunnen*:

Conrad Ferdinand Meyer
Der römische Brunnen **(Fassung von 1882)**

> Aufsteigt der Strahl, und fallend gießt
> Er voll der Marmorschale Rund,
> Die, sich verschleiernd, überfließt

---

[12] Storm, Besprechung von M. A. Niendorfs „Liedern der Liebe", S. 225.

3. Geistesgeschichtlicher Hintergrund

> In einer zweiten Schale Grund;
> 5 Die zweite gibt, sie wird zu reich,
> Der dritten wallend ihre Flut,
> Und jede nimmt und gibt zugleich
> Und strömt und ruht.

Nach 1850 entwickelte sich eine ausgeprägte **Buchkultur** als Leitlinie gesellschaftlicher Unterhaltung im Bürgertum (v. a. bei Frauen und Jugendlichen), Leihbibliotheken florierten. Daneben konnte sich das Bürgertum jetzt auch Zeitschriften leisten, in denen vorwiegend realistische Literatur publiziert wurde. Zu nennen sind vor allem *Die Gartenlaube* (1853–1925) sowie die konservative *Deutsche Rundschau* (mit Unterbrechungen von 1874–1963), in der allerdings überwiegend beschauliche, unkritische und unverbindliche Beiträge veröffentlicht wurden. Die **Gefühlsbildung** wurde als die wesentliche Aufgabe der Literatur begriffen.

Wie oben bereits angedeutet, finden sich bei den Vertretern des Realismus unterschiedliche Auffassungen und literarische Ausprägungen realistischen Dichtens.

4. Themen und Autoren

Der literarische Realismus bediente sich überwiegend der Prosa und zuweilen auch des Dramas. Prominente Beispiele dafür sind Adalbert Stifters Großerzählung *Der Nachsommer* (1857), Wilhelm Raabes Roman *Stopfkuchen* (1891), Gottfried Kellers Roman *Der grüne Heinrich* (1854/1855), Theodor Storms Novelle *Der Schimmelreiter* (1888), Theodor Fontanes Romane *Effi Briest* (1895) und *Der Stechlin* (1897) sowie Friedrich Hebbels Drama *Agnes Bernauer* (1852) und Otto Ludwigs Drama *Der Erbförster* (1853).

In der Lyrik ist die Abkehr vom romantischen Gedicht schon im Frühwerk Eduard Mörikes (1804–1875) erkennbar. In dem 1827 entstandenen Gedicht *Septembermorgen* werden „die Welt" (V. 1) sowie „Wald und Wiesen" (V. 2) noch in der traditionell romantischen Weise personifiziert. Doch spürt man bereits das **Bemühen um einen einfachen und nüchternen Ton.**

Eduard Mörike
Septembermorgen **(1827)**

> Im Nebel ruhet noch die Welt,
> Noch träumen Wald und Wiesen:
> Bald siehst du, wenn der Schleier fällt,
> Den blauen Himmel unverstellt,
> 5 Herbstkräftig die gedämpfte Welt
> In warmem Golde fließen.

Eine besonders deutliche ironisch-kritische Haltung zur metaphorischen Romantisierung und Idealisierung der Natur in der vorangegangenen Literaturepoche findet sich in Texten Heinrich Heines (1797–1856). In dem Gedicht *Entartung* (1844) entkleidet Heine die natürlichen Erscheinungen vom romantischen Pathos. Am deutlichsten wird dies in der Deutung des Gesanges der Nachtigall, der in der romantischen Poesie symbolträchtig aufgeladen worden ist[13] und bei Heine als Ausdruck einer alltäglichen Routine verstanden wird. Die ironische Schreibhaltung verspottet die metaphorisch-pathetische Aufladung der Natur:

Heinrich Heine
Entartung **(1844)**

> Hat die Natur sich auch verschlechtert,
> Und nimmt sie Menschenfehler an?
> Mich dünkt, die Pflanzen und die Tiere,
> Sie lügen jetzt wie jedermann.
>
> 5 Ich glaub nicht an der Lilie Keuschheit,
> Es buhlt mit ihr der bunte Geck,
> Der Schmetterling; er küsst und flattert
> Am End' mit ihrer Unschuld weg.
>
> Von der Bescheidenheit der Veilchen
> 10 Halt ich nicht viel. Die kleine Blum',
> Mit den koketten Düften lockt sie,
> Und heimlich dürstet sie nach Ruhm.
>
> Ich zweifle auch, ob sie empfindet,
> Die Nachtigall, das, was sie singt;
> 15 Sie übertreibt und schluchzt und trillert
> Nur aus Routine, wie mich dünkt.
>
> Die Wahrheit schwindet von der Erde,
> Auch mit der Treu' ist es vorbei.
> Die Hunde wedeln noch und stinken
> 20 Wie sonst, doch sind sie nicht mehr treu.

---

[13] Beispielsweise in den Gedichten *Weise des Dichters* (1809) von Friedrich Schlegel, *Zauberei der Nacht* (1853) von Joseph von Eichendorff und *Der Spinnerin Nachtlied* (1802) von Clemens Brentano. Vgl. Gudrun Blecken: *Lyrik der Romantik*. Hollfeld: C. Bange, 2009, Kap. 12.3.

4. Themen und Autoren

Wie andere realistische Dichter ist auch **Friedrich Hebbel** darum bemüht, über den intensiven Gebrauch von Metaphern hinauszukommen. Am Beispiel der Gestaltung des Motivs „Herbst" in Mörikes *Septembermorgen* und Hebbels *Herbstbild* fallen die Unterschiede ins Auge: Hebbels lyrisches Ich konzentriert sich ganz auf das Schauen. Das Naturbild wird in **konkreter Anschaulichkeit** ausschließlich deskriptiv gezeichnet, uneigentliches bildliches Sprechen findet sich nur spärlich. Der Ton ist gänzlich **frei von romantischem Pathos,** er signalisiert die Stille und Harmonie des Natureindrucks:

Friedrich Hebbel
***Herbstbild* (1852)**

> Dies ist ein Herbsttag, wie ich keinen sah!
>   Die Luft ist still, als atmete man kaum,
> und dennoch fallen raschelnd, fern und nah,
>   die schönsten Früchte ab von jedem Baum.
>
> 5 O stört sie nicht, die Feier der Natur!
>   Dies ist die Lese, die sie selber hält;
> denn heute löst sich von den Zweigen nur,
>   was vor dem milden Strahl der Sonne fällt.

Der Realismus, wie ihn Hebbel und die anderen Dichter dieser Epoche verstehen, gilt als eine *poetische Gegenwelt* zu einer naturwissenschaftlich erklärten und entzauberten Welt. In der Poesie wird zumindest die Ahnung eines höheren Sinns gestaltet. In Hebbels Altersdichtung verändert sich die konkrete Anschaulichkeit und macht einer stärkeren **gedanklichen Abstraktion** und **formalen Starre** Platz. Beispiele finden sich mit *Mysterium* (vgl. Kap. 3.3), *An den Tod* (vgl. Kap. 3.2) sowie *Abendgefühl* (1838), das die Todesahnung im Zusammenhang mit der Beobachtung von Tag und Nacht reflektiert:

4. Themen und Autoren

Friedrich Hebbel
Abendgefühl (1838)

> Friedlich bekämpfen
>   Nacht sich und Tag.
> Wie das zu dämpfen,
>   Wie das zu lösen vermag!
>
> 5 Der mich bedrückte,
>   Schläfst du schon Schmerz?
> Was mich beglückte,
>   Sage, was war's doch, mein Herz?
>
> Freude, wie Kummer,
> 10   Fühl ich, zerrann,
> Aber den Schlummer
>   Führten sie leise heran.
>
> Und im Entschweben,
>   Immer empor,
> 15 Kommt mir das Leben
>   Ganz, wie ein Schlummerlied vor.

Auch **Gottfried Keller** realisiert das poetologische Prinzip der Nüchternheit und der Einfachheit des Ausdrucks. Kellers Realismus drückt sich durch die **Naturnähe** seiner Lyrik aus, in der schlichte Erfahrungen gestaltet werden. Beispiele dafür sind die 1851 entstandenen Texte *Winternacht* (vgl. Kap. 5.2) und *Sommernacht*:

Gottfried Keller
Sommernacht (1851)

> Es wallt das Korn weit in die Runde
> Und wie ein Meer dehnt es sich aus;

4. Themen und Autoren

    Doch liegt auf seinem stillen Grunde
    Nicht Seegewürm noch andrer Graus;
5 Da träumen Blumen nur von Kränzen
    Und trinken der Gestirne Schein,
    O goldnes Meer, dein friedlich Glänzen
    Saugt meine Seele gierig ein!

    In meiner Heimat grünen Talen,
10 Da herrscht ein alter schöner Brauch:
    Wann hell die Sommersterne strahlen,
    Der Glühwurm schimmert durch den Strauch,
    Dann geht ein Flüstern und ein Winken,
    Das sich dem Ährenfelde naht,
15 Da geht ein nächtlich Silberblinken
    Von Sicheln durch die goldne Saat.

    Das sind die Bursche jung und wacker,
    Die sammeln sich im Feld zuhauf
    Und suchen den gereiften Acker
20 Der Witwe oder Waise auf,
    Die keines Vaters, keiner Brüder
    Und keines Knechtes Hilfe weiß –
    Ihr schneiden sie den Segen nieder,
    Die reinste Lust ziert ihren Fleiß.

25 Schon sind die Garben festgebunden
    Und rasch in einen Ring gebracht;
    Wie lieblich floh'n die kurzen Stunden,
    Es war ein Spiel in kühler Nacht!
    Nun wird geschwärmt und hell gesungen
30 Im Garbenkreis, bis Morgenluft
    Die nimmermüden braunen Jungen
    Zur eignen schweren Arbeit ruft.

4. Themen und Autoren

Keller schreibt weltanschauliche Gedichte, in denen er zum Teil in erzählerischer Breite eine Diesseitsorientierung klar befürwortet (vgl. *Land im Herbst*, 1879, Kap. 5.4). In *Die Zeit geht nicht* (1851, vgl. Kap. 5.3) und *Ich hab' in kalten Wintertagen* überwindet er den religiösen Unsterblichkeitsglauben mit einem klaren Bekenntnis zum Hier und Jetzt:

> Bekenntnis zum Hier und Jetzt

Gottfried Keller
Ich hab' in kalten Wintertagen (1851)

> Ich hab' in kalten Wintertagen,
> In dunkler, hoffnungsarmer Zeit
> Ganz aus dem Sinne dich geschlagen,
> O Trugbild der Unsterblichkeit.
>
> 5 Nun, da der Sommer glüht und glänzet,
> Nun seh' ich, dass ich wohlgetan!
> Ich habe nun das Haupt umkränzet,
> Im Grabe aber ruht der Wahn.
>
> Ich fahre auf dem klaren Strome,
> 10 Er rinnt mir kühlend durch die Hand;
> Ich schau' hinauf zum blauen Dome –
> Und such' kein bessres Vaterland.
>
> Nun erst versteh' ich, die da blühet,
> O Lilie, deinen stillen Gruß,
> 15 Ich weiß, wie hell die Flamme glühet,
> Dass ich gleich dir vergehen muss!

Das Realistische in der Lyrik **Theodor Storms** besteht vor allem in der Nähe zum Volksliedhaften und Liedhaften überhaupt. Ausgangspunkt ist zumeist ein **individuelles Erlebnis** in einer ästhetisch gestalteten Naturlandschaft. Beispiele dafür sind die Stimmungsbilder

4. Themen und Autoren

Abseits (1848, vgl. Kap. 4.2) und *Meeresstrand* (1854, vgl. Kap. 4.3). Während *Abseits* die Natur noch ganz im Rahmen einer biedermeierlichen Idylle ästhetisiert, findet sich in dem Text *Im Herbste 1850* die Wendung zur vaterländischen Poesie:

Theodor Storm
***Im Herbste 1850* (1864)**

> Und schauen auch von Turm und Tore
> Der Feinde Wappen jetzt herab,
> Und rissen sie die Trikolore
> Mit wüster Faust von Kreuz und Grab;
>
> 5 Und müssten wir nach diesen Tagen
> Von Herd und Heimat bettelnd gehn –
> Wir wollen's nicht zu laut beklagen;
> Mag, was da muss, mit uns geschehn!
>
> Und wenn wir hülfelos verderben,
> 10 Wo keiner unsre Schmerzen kennt,
> Wir lassen unsern spätsten Erben
> Ein treu besiegelt Testament;
>
> Denn kommen wird das frische Werde,
> Das auch bei uns die Nacht besiegt,
> 15 Der Tag, wo diese deutsche Erde
> Im Ring des großen Reiches liegt.
>
> Ein Wehe nur und eine Schande
> Wird bleiben, wenn die Nacht verschwand:
> Dass in dem eignen Heimatlande
> 20 Der Feind die Bundeshelfer fand;
>
> Dass uns von unsern eignen Brüdern
> Der bittre Stoß zum Herzen drang,

Die einst mit deutschen Wiegenliedern
Die Mutter in den Schlummer sang;

25 Die einst von deutscher Frauen Munde
Der Liebe holden Laut getauscht,
Die in des Vaters Sterbestunde
Mit Schmerz auf deutsches Wort gelauscht.

Nicht viele sind's und leicht zu kennen –
30 O haltet ein! Ihr dürft sie nicht
In Mitleid noch im Zorne nennen,
Nicht in Geschichte noch Gedicht.

Lasst sie, wenn frei die Herzen klopfen,
Vergessen und verschollen sein,
35 Und mischet nicht die Wermutstropfen
In den bekränzten deutschen Wein!

Hauptthemen von Storms Poesie sind neben der Heimat vor allem Schönheit, Vergänglichkeit, Liebe, Tod, Natur und Mensch – mithin also die klassischen motivischen Topoi der Lyrik. Das lyrische Ich wird als eingebettet in die Natur betrachtet. Repräsentativ dafür ist *Die Nachtigall,* in der sich die einzelnen Strophen gegenseitig interpretieren und die Natur als Erlebnis erscheinen lassen:

Theodor Storm
Die Nachtigall **(1855)**

Das macht, es hat die Nachtigall
Die ganze Nacht gesungen;
Da sind von ihrem süßen Schall,
Da sind in Hall und Widerhall
5 Die Rosen aufgesprungen.

4. Themen und Autoren

    Sie war doch sonst ein wildes Kind;
    Nun geht sie tief in Sinnen,
    Trägt in der Hand den Sommerhut
    Und duldet still der Sonne Glut
10 Und weiß nicht, was beginnen.

    Das macht, es hat die Nachtigall
    Die ganze Nacht gesungen;
    Da sind von ihrem süßen Schall,
    Da sind in Hall und Widerhall
15 Die Rosen aufgesprungen.

In dem Symbol der Nachtigall, die, wie oben erwähnt, in einer Tradition romantischer Gedichte steht und dort mit der Liebesthematik in Verbindung gebracht wird, kann man erkennen, wie sich das lyrische Symbol ins Innerpsychische und zum „Impressionistisch-Atmosphärischen"[14] wandelt. Bei Storm ist das Symbol diffus-unfassbar geworden, „da die Spannung zwischen subjektiver Innerlichkeit und objektiver Gesetzmäßigkeit so groß geworden war, dass sie im Symbol nicht mehr überbrückt werden konnte."[15]

In Storms Alterslyrik findet sich verstärkt die **Todesthematik;** häufig werden Situationen der Vereinsamung gestaltet, z. B. in *Geh nicht hinein* (1879, vgl. Kap. 4.4).

Im lyrischen Werk **Theodor Fontanes** drückt sich der Realismus im Einfließen der Alltagssprache und im radikalen Verzicht auf jegliches Pathos aus. Fontane greift die **Balladentradition** auf: Seit der Biedermeierzeit wurde ein regelrechter Balladenkult gepflegt. In der Ballade werden u. a. lehrhafte Beispiele von Überheblichkeit gezeigt. Der Vergleich zur biedermeierlichen Ballade wird am Beispiel von Ludwig Uhlands (1787–1862) *Des Sängers Fluch* veranschaulicht:

> Verzicht auf Pathos

---

14 Huyssen, S. 281.
15 Ebd., S. 23.

4. Themen und Autoren

Ludwig Uhland
***Des Sängers Fluch* (1815)**

    Es stand in alten Zeiten ein Schloss, so hoch und hehr,
    Weit glänzt' es über die Lande bis an das blaue Meer,
    Und rings von duft'gen Gärten ein blütenreicher Kranz,
    Drin sprangen frische Brunnen in Regenbogenglanz.

5   Dort saß ein stolzer König, an Land und Siegen reich,
    Er saß auf seinem Throne so finster und so bleich;
    Denn was er sinnt, ist Schrecken, und was er blickt, ist Wut,
    Und was er spricht, ist Geißel, und was er schreibt, ist Blut.

    Einst zog nach diesem Schlosse ein edles Sängerpaar,
10 Der ein' in goldnen Locken, der andre grau von Haar;
    Der Alte mit der Harfe, der saß auf schmuckem Ross,
    Es schritt ihm frisch zur Seite der blühende Genoss.

    Der Alte sprach zum Jungen: „Nun sei bereit, mein Sohn!
    Denk unsrer tiefsten Lieder, stimm an den vollsten Ton!
15 Nimm alle Kraft zusammen, die Lust und auch den Schmerz!
    Es gilt uns heut, zu rühren des Königs steinern Herz."

    Schon stehn die beiden Sänger im hohen Säulensaal,
    Und auf dem Throne sitzen der König und sein Gemahl,
    Der König furchtbar prächtig wie blut'ger Nordlichtschein,
20 Die Königin süß und milde, als blickte Vollmond drein.

    Da schlug der Greis die Saiten, er schlug sie wundervoll,
    Dass reicher, immer reicher der Klang zum Ohre schwoll;
    Dann strömte himmlisch helle des Jünglings Stimme vor,
    Des Alten Sang dazwischen wie dumpfer Geisterchor.

4. Themen und Autoren

25 Sie singen von Lenz und Liebe, von sel'ger goldner Zeit
Von Freiheit, Männerwürde, von Treu' und Heiligkeit,
Sie singen von allem Süßen, was Menschenbrust durchbebt,
Sie singen von allem Hohen, was Menschenherz erhebt.

Die Höflingsschar im Kreise verlernet jeden Spott,
30 Des Königs trotz'ge Krieger, sie beugen sich vor Gott;
Die Königin, zerflossen in Wehmut und in Lust,
Sie wirft den Sängern nieder die Rose von ihrer Brust.

„Ihr habt mein Volk verführt; verlockt ihr nun mein Weib?"
Der König schreit es wütend, er bebt am ganzen Leib,
35 Er wirft sein Schwert, das blitzend des Jünglings Brust durchdringt.
Draus statt der goldnen Lieder ein Blutstrahl hoch aufspringt.

Und wie vom Sturm zerstoben ist all der Hörer Schwarm.
Der Jüngling hat verröchelt in seines Meisters Arm;
Der schlägt um ihn den Mantel und setzt ihn auf das Ross,
40 Er bind't ihn aufrecht feste, verlässt mit ihm das Schloss.

Doch vor dem hohen Tore, da hält der Sängergreis,
Da fasst er seine Harfe, sie aller Harfen Preis,
An einer Marmorsäule, da hat er sie zerschellt,
Dann ruft er, dass es schaurig durch Schloss und Gärten gellt:

45 „Weh euch, ihr stolzen Hallen! Nie töne süßer Klang
Durch eure Räume wieder, nie Saite noch Gesang,
Nein, Seufzer nur und Stöhnen und scheuer Sklavenschritt,
Bis euch zu Schutt und Moder der Rachegeist zertritt!

Weh euch, ihr duft'gen Gärten im holden Maienlicht!
50 Euch zeig' ich dieses Toten entstelltes Angesicht,
Dass ihr darob verdorret, dass jeder Quell versiegt,
Dass ihr in künft'gen Tagen versteint, verödet liegt.

4. Themen und Autoren

> Weh dir, verruchter Mörder! du Fluch des Sängertums!
> Umsonst sei all dein Ringen nach Kränzen blut'gen Ruhms!
> 55 Dein Name sei vergessen, in ew'ge Nacht getaucht,
> Sei wie ein letztes Röcheln in leere Luft verhaucht!"
>
> Der Alte hat's gerufen, der Himmel hat's gehört,
> Die Mauern liegen nieder, die Hallen sind zerstört;
> Noch eine hohe Säule zeugt von verschwundner Pracht;
> 60 Auch diese, schon geborsten, kann stürzen über Nacht.
>
> Und rings statt duft'ger Gärten ein ödes Heideland,
> Kein Baum verstreuet Schatten, kein Quell durchdringt den Sand,
> Des Königs Namen meldet kein Lied, kein Heldenbuch;
> Versunken und vergessen! das ist des Sängers Fluch!

Die **menschliche Überheblichkeit und Sündhaftigkeit** wird durch eine überirdische Macht, die den Fluch des Sängers verwirklicht, bestraft. Auch Fontane orientiert sich an der **traditionellen Balladenform** und betont insbesondere die **dramatischen Elemente** (in *John Maynard* durch das spannungserzeugende „Herunterzählen" der Minuten, bis das rettende Ufer erreicht ist). Zu Beginn seiner Produktion widmet er sich vor allem der **englischschottischen Volksballade,** die er in Übersetzungen und Neudichtungen wiedergibt. Ein Beispiel dafür ist *Archibald Douglas* (1854, vgl. Kap. 6.2). In den 1850er Jahren unterbrach Fontane für rund 30 Jahre die Balladenproduktion. In seinen Altersballaden finden sich ähnliche Themen wieder, allerdings mit radikaler Säkularisierung. Beispiele dafür sind *Brücke am Tay* (1880) und *John Maynard*. *Brücke am Tay* ist ein Beispiel für eine realistische Ballade, in der die **Natur als magische Allmacht** stilisiert wird. Dabei werden vor allem die Kritik und das Misstrauen gegenüber der modernen Technik hervorgehoben. *John Maynard* ist ein Beispiel für Fontanes **psychologische Porträtballade,** in der ein unpathetisches Heldentum gezeichnet wird; Kritik an sozialen Verhältnisse unterbleibt aber:

4. Themen und Autoren

Theodor Fontane
John Maynard (1886)

John Maynard!

„Wer ist John Maynard?"

„John Maynard war unser Steuermann,
Aus hielt er, bis er das Ufer gewann,
5   Er hat uns gerettet, er trägt die Kron',
Er starb für uns, unsre Liebe sein Lohn.
                John Maynard."

        * * *

Die „Schwalbe" fliegt über den Eriesee,
Gischt schäumt um den Bug wie Flocken von Schnee;
10 Von Detroit fliegt sie nach Buffalo –
Die Herzen aber sind frei und froh,
   Und die Passagiere mit Kindern und Fraun
   Im Dämmerlicht schon das Ufer schaun,
Und plaudernd an John Maynard heran
15 Tritt alles: „Wie weit noch, Steuermann?"
Der schaut nach vorn und schaut in die Rund':
   „Noch dreißig Minuten ... Halbe Stund'."

Alle Herzen sind froh, alle Herzen sind frei –
Da klingt's aus dem Schiffsraum her wie Schrei,
20 „Feuer!", war es, was da klang,
Ein Qualm aus Kajüt' und Luke drang,
Ein Qualm, dann Flammen lichterloh,
Und noch zwanzig Minuten bis Buffalo.

Und die Passagiere, bunt gemengt,
25 Am Bugspriet stehn sie zusammengedrängt,
Am Bugspriet vorn ist noch Luft und Licht,

Am Steuer aber lagert sich's dicht,
Und ein Jammern wird laut: „Wo sind wir? wo?"
Und noch fünfzehn Minuten bis Buffalo. –

30 Der Zugwind wächst, doch die Qualmwolke steht,
Der Kapitän nach dem Steuer späht,
Er sieht nicht mehr seinen Steuermann,
Aber durchs Sprachrohr fragt er an:
„Noch da, John Maynard?"
35   „Ja, Herr. Ich bin."
„Auf den Strand! In die Brandung!"
           „Ich halte drauf hin."
Und das Schiffsvolk jubelt: „Halt aus! Hallo!"
Und noch zehn Minuten bis Buffalo. – –

40 „Noch da, John Maynard?" Und Antwort schallt's
Mit ersterbender Stimme: „Ja, Herr, ich halt's!"
   Und in die Brandung, was Klippe, was Stein,
Jagt er die „Schwalbe" mitten hinein.
Soll Rettung kommen, so kommt sie nur so.
45 Rettung: der Strand von Buffalo!

   * * *

Das Schiff geborsten. Das Feuer verschwelt.
Gerettet alle. Nur *einer* fehlt!

   * * *

Alle Glocken gehn; ihre Töne schwell'n
Himmelan aus Kirchen und Kapell'n,
50 Ein Klingen und Läuten, sonst schweigt die Stadt,
Ein Dienst nur, den sie heute hat:
Zehntausend folgen oder mehr,
Und kein Aug' im Zuge, das tränenleer.

> Sie lassen den Sarg in Blumen hinab,
> 55 Mit Blumen schließen sie das Grab,
> Und mit goldner Schrift in den Marmorstein
> Schreibt die Stadt ihren Dankspruch ein:
> > „Hier ruht John Maynard! In Qualm und Brand
> > Hielt er das Steuer fest in der Hand,
> 60 Er hat uns gerettet, er trägt die Kron',
> > Er starb für uns, unsre Liebe sein Lohn.
> > > John Maynard."

In der Ballade *Herr von Ribbeck auf Ribbeck im Havelland* (1889, vgl. Kap. 6.3) wird nicht nur ein charakterstarker Mensch durchaus menschlich dargestellt, auch das **Ethos der späten Gesellschaftsromane** Fontanes wie *Effi Briest* findet sich in *Herr von Ribbeck* wieder. Die Endphase der Erlebnislyrik im Alterswerk Fontanes ist durch die **formale Auflösung lyrischer Bauformen** gekennzeichnet. Auffällig ist ein ausgesprochen **„salopper" Ton,** der dem resignativen und skeptischen Inhalt entgegensteht (vgl. *Auf dem Matthäikirchhof*, 1889, Kap. 6.4).

Conrad Ferdinand Meyers lyrische Texte weisen bereits über den Realismus hinaus in die Moderne hinein. Auch seine Lyrik „gehorcht" dem realistischen Prinzip, nach dem mit dem sinnlichen Erfassen der Realität auch eine über die Realität weisende Aussage verknüpft werden muss; das „Wahre" und das „Eigentliche" in den Erscheinungen soll herausgestellt werden. Er folgt damit dem von Julian Schmidt formulierten Prinzip:

> *„Der wahre Realismus der Beobachtung liegt darin, dass man bei jeder Individualität in der Natur, der Geschichte und im wirklichen Leben schnell die charakteristischen Züge herausfindet, mit andern Worten, dass man Sinn für Realität hat, für den wahren Inhalt der Dinge."*[16]

---

16 Schmidt, S. 120.

4. Themen und Autoren

In den Texten *Der römische Brunnen* (1882) und *Zwei Segel* (1882) tritt das Individuelle ganz hinter eine symbolsprachliche Distanz zurück. Besonders deutlich wird der Unterschied zur Erlebnislyrik in dem Liebesgedicht *Zwei Segel*, in dem der erlebnishafte Grundvorgang menschlicher Liebe symbolisch abstrahiert dargestellt wird:

> symbolsprachliche Distanz

Conrad Ferdinand Meyer
***Zwei Segel* (1882)**

> Zwei Segel erhellend
> Die tiefblaue Bucht!
> Zwei Segel sich schwellend
> Zu ruhiger Flucht!
>
> 5 Wie eins in den Winden
> Sich wölbt und bewegt,
> Wird auch das Empfinden
> Des andern erregt.
>
> Begehrt eins zu hasten,
> 10 Das andre geht schnell,
> Verlangt eins zu rasten,
> Ruht auch sein Gesell.

Vergleicht man einzelne Gedichtfassungen miteinander, so lässt sich gerade in Meyers Lyrik der Veränderungsprozess von der traditionellen Erlebnislyrik hin zu stärkerer symbolischer Abstraktion, „in der sich ein Inneres objektiviert und sich in einem Äußeren dinghaft zuständlich darstellt"[17], verfolgen. Wichtig für Meyer ist auch sein Bekenntnis zum Schopenhauerschen Credo der **Erlösungskraft der Kunst,** die er gegen den Pessimismus und die Resignation, die sich in den Texten anderer realistischer Dichter zeigen, stellt. Die

---
17 Huyssen, S. 295.

4. Themen und Autoren

(lyrische) Form gilt dem Schweizer Dichter als Vorwegnahme des Zeitlosen, als Zeichen der Befreiung von Leiden und Tod. Ein Beispiel dafür ist das Genregedicht *Auf Goldgrund*:

Conrad Ferdinand Meyer
***Auf Goldgrund* (entst.[18] 1860)**

> Ins Museum bin zu später
> Stunde heut ich noch gegangen,
> Wo die Heilgen, wo die Beter
> Auf den goldnen Gründen prangen.
>
> 5 Dann durchs Feld bin ich geschritten
> Heißer Abendglut entgegen,
> Sah, die heut das Korn geschnitten,
> Garben auf die Wagen legen.
>
> Um die Lasten in den Armen,
> 10 Um den Schnitter und die Garbe
> Floss der Abendglut, der warmen,
> Wunderbare Goldesfarbe.
> Auch des Tages letzte Bürde,
> Auch der Fleiß der Feierstunde
> 15 War umflammt von heilger Würde
> Stand auf schimmernd goldnem Grunde.

Prägend für Meyers lyrisches Werk war der Freitod seiner Mutter durch Ertränken im Jahre 1856. Das Motiv des Wassers in Verbindung mit Tod und Vergänglichkeit findet sich daher in zahlreichen Gedichten, z. B. in *Der römische Brunnen*, in *Schwüle* (entst. 1864, vgl. Kap. 7.3) und *In der Dämmerung* (1864, vgl. Kap. 7.2) sowie in *Eingelegte Ruder* (1869) oder besonders markant *Im Spätboot*:

---

18 Sofern das Erscheinungsdatum nicht auch dem Entstehungsdatum entspricht, wird dies gesondert vermerkt.

4. Themen und Autoren

Conrad Ferdinand Meyer
Im Spätboot (1882)

> Aus der Schiffsbank mach ich meinen Pfühl.
> Endlich wird die heiße Stirne kühl!
> O wie süß erkaltet mir das Herz!
> O wie weich verstummen Lust und Schmerz!
> 5 Über mir des Rohres schwarzer Rauch
> Wiegt und biegt sich in des Windes Hauch.
> Hüben hier und wieder drüben dort
> Hält das Boot an manchem kleinen Port:
> Bei der Schiffslaterne kargem Schein
> 10 Steigt ein Schatten aus und niemand ein.
> Nur der Steurer noch, der wacht und steht!
> Nur der Wind, der mir im Haare weht,
> Schmerz und Lust erleiden sanften Tod.
> Einen Schlummrer trägt das dunkle Boot.

Das äußere Geschehen wird zum Symbol innerpsychischer Realität, so beispielsweise in den Balladen *Die Rose von Newport* (1864, vgl. Kap. 7.4) und in dem Rollengedicht *Der Gesang des Meeres*:

Conrad Ferdinand Meyer
Der Gesang des Meeres (1869)

> Wolken, meine Kinder, wandern gehen
> Wollt ihr? Fahret wohl! Auf Wiedersehen!
> Eure wandellustigen Gestalten
> Kann ich nicht in Mutterbanden halten.
>
> 5 Ihr langweilet euch auf meinen Wogen,
> Dort die Erde hat euch angezogen:
> Küsten, Klippen und des Leuchtturms Feuer!
> Ziehet, Kinder! Geht auf Abenteuer!

4. Themen und Autoren

> Segelt, kühne Schiffer, in den Lüften!
> 10 Sucht die Gipfel! Ruhet über Klüften!
> Brauet Stürme! Blitzet! Liefert Schlachten!
> Traget glühnden Kampfes Purpurtrachten!
>
> Rauscht im Regen! Murmelt in den Quellen!
> Füllt die Brunnen! Rieselt in den Wellen!
> 15 Braust in Strömen durch die Lande nieder –
> Kommet, meine Kinder, kommet wieder!

In seiner Alterslyrik findet sich eine **deutliche Todesmotivik:**

Conrad Ferdinand Meyer
Der Marmorknabe **(1882)**

> In der Capuletti Vigna graben
> Gärtner, finden einen Marmorknaben,
> Meister Simon holen sie herbei,
> Der entscheide, welcher Gott es sei.
>
> 5 Wie den Fund man dem Gelehrten zeigte,
> Der die graue Wimper forschend neigte,
> Kniet' ein Kind daneben: Julia,
> Die den Marmorknaben finden sah.
>
> „Welches ist dein süßer Name, Knabe?
> 10 Steig ans Tageslicht aus deinem Grabe!
> Eine Fackel trägst du? Bist beschwingt?
> Amor bist du, der die Herzen zwingt?"
>
> Meister Simon, streng das Bild betrachtend,
> Eines Kindes Worte nicht beachtend,
> 15 Spricht: „Er löscht die Fackel. Sie verloht.
> Dieser schöne Jüngling ist der Tod."

4. Themen und Autoren

Die folgende Tabelle gibt einen nach Themen geordneten Überblick über sämtliche in diesem Band zu findenden Lyrik-Beispiele (einige Gedichte werden doppelt aufgeführt):

Morallehre/Gesellschaftskritik	Kap.
Ludwig Uhland: *Des Sängers Fluch* (1815)	s. 4. (Teil 1)
Theodor Fontane: *Herr von Ribbeck auf Ribbeck im Havelland* (1889)	s. 6.3
Conrad Ferdinand Meyer: *Die Rose von Newport* (1864)	s. 7.4
Theodor Fontane: *Auf dem Matthäikirchhof* (1889)	s. 6.4

Poetologie	
Heinrich Heine: *Entartung* (1844)	s. 4. (Teil 1)

Der Mensch	
Annette von Droste-Hülshoff: *Das Spiegelbild* (1844)	s. 1.1
Eduard Mörike: *Fußreise* (1828)	s. 2.2
Friedrich Hebbel: *Mysterium* (entst. 1842)	s. 3.3
Conrad Ferdinand Meyer: *Der Gesang des Meeres* (1869)	s. 4. (Teil 1)

Natur	
Annette von Droste-Hülshoff: *Im Grase* (1844)	s. 1.2
Eduard Mörike: *Septembermorgen* (1827)	s. 4. (Teil 1)
Friedrich Hebbel: *Herbstbild* (1852)	s. 4. (Teil 1)
Friedrich Hebbel: *Abendgefühl* (1838)	s. 4. (Teil 1)
Friedrich Hebbel: *Sommerbild* (entst. 1844)	s. 3.4

4. Themen und Autoren

Friedrich Hebbel: *Die Rosen im Süden* (entst. 1844)	s. 3.4
Friedrich Hebbel: *Die Rosen* (1844)	s. 3.4
Theodor Storm: *Die Nachtigall* (1855)	s. 4. (Teil 1)
Theodor Storm: *Abseits* (1848)	s. 4.2
Theodor Storm: *Meeresstrand* (1854)	s. 4.3
Gottfried Keller: *Sommernacht* (1851)	s. 4. (Teil 1)
Gottfried Keller: *Ich hab' in kalten Wintertagen* (1851)	s. 4. (Teil 1)
Gottfried Keller: *Winternacht* (1851)	s. 5.2
Gottfried Keller: *Land im Herbste* (1879)	s. 5.4
Conrad Ferdinand Meyer: *Der Gesang des Meeres* (1869)	s. 4. (Teil 1)

Gott

Eduard Mörike: *Fußreise* (1828)	s. 2.2
Friedrich Hebbel: *An den Tod* (1837)	s. 3.2
Friedrich Hebbel: *Mysterium* (entst. 1842)	s. 3.3

Liebe

Eduard Mörike: *Das verlassene Mägdlein* (entst. 1829)	s. 2.3
Eduard Mörike: *An die Geliebte* (entst. 1830)	s. 2.4
Conrad Ferdinand Meyer: *Zwei Segel* (1882)	s. 4. (Teil 1)

Vergänglichkeit/Tod

Friedrich Hebbel: *Abendgefühl* (1838)	s. 4. (Teil 1)
Friedrich Hebbel: *An den Tod* (1837)	s. 3.2
Friedrich Hebbel: *Nachtlied* (entst. 1836)	s. 3.2
Friedrich Hebbel: *Sommerbild* (entst. 1844)	s. 3.4
Theodor Storm: *Geh nicht hinein* (1879)	s. 4.4

4. Themen und Autoren

Conrad Ferdinand Meyer: *Im Spätboot* (1882)   s. 4. (Teil 1)
Conrad Ferdinand Meyer: *Der Marmorknabe* (1882)   s. 4. (Teil 1)
Conrad Ferdinand Meyer: *In der Dämmerung* (1864)   s. 7.2
Conrad Ferdinand Meyer: *Schwüle* (entst. 1864)   s. 7.3
Gottfried Keller: *Die Zeit geht nicht* (1851)   s. 5.3

Vaterlandsliebe

Theodor Storm: *Im Herbste 1850* (1864)   s. 4. (Teil 1)
Theodor Fontane: *Archibald Douglas* (entst. 1854)   s. 6.2

Technik

Theodor Fontane: *John Maynard* (1886)   s. 4. (Teil 1)

Dinggedicht

Conrad Ferdinand Meyer: *Der römische Brunnen*
(Fassung von 1882)   s. 3. (Teil 1)
Conrad Ferdinand Meyer: *Zwei Segel* (1882)   s. 4. (Teil 1)
Conrad Ferdinand Meyer: *Auf Goldgrund*
(entst. 1860)   s. 4. (Teil 1)

5. Epochenblatt zur Lyrik des Realismus (1848–1890)

„Realismus" = von lat. „res", „die Sache", bezeichnet ganz allgemein eine wirklichkeitsgetreue künstlerische Darstellung mit angemessenen Mitteln ohne romantische oder andersartige spekulative Überhöhung. Der Begriff steht für eine europäische Literaturepoche zwischen der Romantik und dem Naturalismus, im weiteren Sinne also zwischen 1830 und 1890, im engeren Sinn (ohne Biedermeier und Junges Deutschland) von 1848/50–1890. Für die Bezeichnung der Epoche der deutschen Literatur sind neben „Realismus" auch die Begriffe „poetischer Realismus" sowie „bürgerlicher Realismus" eingeführt.

zeitgeschichtlicher Hintergrund

- Scheitern der Deutschen Revolution (1848/49)
- Norddeutscher Bund 1866 nach Krieg Preußen-Österreich
- Reichsgründung 1871 nach Krieg gegen Frankreich, Kaiser Wilhelm I.
- Industrialisierung, Technisierung
- Eisenbahnbau (1835: erste deutsche Eisenbahnlinie Nürnberg-Fürth)
- Allgemeiner Deutscher Arbeiterverein 1963
- Sozialistische Arbeiterpartei 1875
- 1862: Bismarck wird preußischer Ministerpräsident
- nach Reichsgründung: „Gründerjahre", Wirtschaftsboom
- „Kulturkampf": Auseinandersetzung Staat-Kirche
- Sozialgesetzgebung in 1880er Jahren
- 1890 Entlassung Bismarcks durch Wilhelm II.

geistesgeschichtlicher Hintergrund

- Abschied vom Idealismus
- „Realpolitik"
- 1848: *Kommunistisches Manifest* von Karl Marx und Friedrich Engels
- Evolutionstheorie Darwins (1859)
- pessimistische Philosophie Schopenhauer (*Die Welt als Wille und Vorstellung* (1819)
- historisch-kritische Methode in der Geschichtswissenschaft und der Theologie, Feuerbachs Auflösung der Religion in Anthropologie
- in der Literaturprogrammatik: spekulationsfreie Orientierung an der Wirklichkeit, Herausarbeitung des „Wahren" in den Erscheinungen

5. Epochenblatt zur Lyrik des Realismus

thematische Merkmale

- Melancholie der „Spätzeitlichkeit" als Schreibhaltung
- Todesmotiv bei Hebbel ohne metaphysische Tröstung
- Humor als Form der Distanzierung
- Resignation und Ironie als Reaktionen auf Vergänglichkeitserfahrung
- „einfache" Motive wie Liebe, Trauer, Glück, Natur, Sehnsucht und Erinnerung
- Überwindung des Unsterblichkeitsglaubens durch Orientierung am Hier und Jetzt bei Keller
- Glaube an die Erlösungskraft der Kunst bei Meyer
- Kritik an gesellschaftlichen Konventionen bei Fontane

formale Merkmale

- Novelle und Roman als beliebteste Gattungen
- Ballade und Dinggedicht als beliebte lyrische Formen
- einfacher Rhythmus, unkomplizierter Strophenbau
- knapper, nüchterner Stil
- Gelassenheit und Ruhe als lyrischer Grundton
- Verzicht auf romantisches Pathos
- konkrete Bildsprache bei Hebbel, Fontane, Storm, Keller
- bei Meyer: symbolische Bildlichkeit
- Ironie als Schreibhaltung bei Fontane

Hauptvertreter

in Deutschland
- Annette von Droste-Hülshoff (1797–1848)
- Theodor Fontane (1819–1898)
- Gustav Freytag (1816–1895)
- Friedrich Hebbel (1813–1863)
- Gottfried Keller (1819–1890)
- Otto Ludwig (1813–1865)
- Conrad Ferdinand Meyer (1825–1898)
- Eduard Mörike (1804–1875)
- Wilhelm Raabe (1831–1910)
- Theodor Storm (1817–1888)

in Frankreich
- Honoré de Balzac (1799–1850)
- Stendhal (1783–1842)
- Émile Zola (1840–1902)

in Russland
- Fjodor Dostojewski (1821–1881)
- Lew Tolstoj (1828–1910)
- Iwan Turgenjew (1818–1883)

in England/USA
- Charles Dickens (1812–1870)
- Rudyard Kipling (1865–1936)
- Robert Louis Stevenson (1850–1894)
- Mark Twain (1835–1910)

II. Autoren und ihre Gedichte[19]

1. Annette von Droste-Hülshoff (1797–1848)

1.1 Kurzbiografie

> Annette von Droste-Hülshoff ist eine der bedeutendsten Lyrikerinnen der deutschen Literatur. In ihren Gedichten wie Das Spiegelbild finden sich die Betonung einer mit religiöser Inbrunst vorgetragenen **Innerlichkeit**, eine sezierende, **desillusionierende Selbstbeobachtung** und die Zwiespältigkeit des mit sich hadernden Individuums. Ihre Balladen und Gedichte beschreiben dem Leser die Dämonie der Natur ihrer westfälischen Heimat (z. B. *Der Knabe im Moor*); aufgrund ihrer **religiösen Tiefgründigkeit**, **Naturdarstellung** und impressionistischen Sprachkraft zählen sie zu den wichtigsten literarischen Zeugnissen des Biedermeier. Droste-Hülshoffs berühmtestes Werk ist die Novelle *Die Judenbuche* (1842).

Anna Elisabeth Freiin Droste zu Hülshoff wurde am 10. Januar 1797 auf Schloss Hülshoff, einer Wasserburg, bei Münster geboren. Sie wuchs in einem streng katholischen Elternhaus auf. Aufgrund ihrer gesellschaftlichen Stellung musste sie keinen Brotberuf erlernen. Nach 1826 wohnte sie im Haus Rüschhaus bei Nienberge, hielt sich aber auch häufig im Rheinland, vor allem in Bonn, auf. 1846 zog sie endgültig nach Meersburg am Bodensee, wo sie bis zu ihrem Tod am 24. Mai 1848 mit ihrem Schwager J. von Lassberg lebte.

---

[19] Vor den Dichtern des Realismus im engeren Sinn werden zwei Vertreter des Biedermeier vorgestellt. Zu den Quellenangaben der folgenden abgedruckten Gedichte vgl. das Literaturverzeichnis. Die Autoren sind nach den Geburtsjahren geordnet.

1. Annette von Droste-Hülshoff (1797–1848)

Werk:
Schon während ihrer Ausbildung durch Hauslehrer entstanden erste eigene Gedichte. 1813 begegnete sie Wilhelm Grimm und war von den *Kinder- und Hausmärchen* (1812–1815) fasziniert. Ihre ersten Texte erschienen erst 1838, also im 42. Lebensjahr der Dichterin. An der Sammlung *Das geistliche Jahr*, die sich auf den Ablauf des Kirchenjahres bezieht und Motive wie Schuld und Angst behandelt, arbeitete Droste-Hülshoff bereits seit 1820; erschienen ist der Zyklus erst posthum 1851.

> späte Publikation

In ihrem schmalen Prosawerk beschreibt Droste-Hülshoff ihre westfälische Heimat, etwa in ihrer berühmten Novelle Die Judenbuche (1842) oder in dem Epos *Die Schlacht im Loener Bruch* (1838). Die Betonung einer teilweise auch mit religiöser Inbrunst vorgetragenen **Innerlichkeit,** eine sezierende, desillusionierende Selbstbeobachtung und die **Zwiespältigkeit** des mit sich hadernden Individuums finden sich in ihrem wohl berühmtesten Gedicht *Das Spiegelbild,* das als ein programmatischer Text auch für die *Judenbuche* gelten kann:

Das Spiegelbild (1844)

> Schaust du mich an aus dem Kristall,
> Mit deiner Augen Nebelball,
> Kometen gleich, die im Verbleichen;
> Mit Zügen, worin wunderlich
> 5 Zwei Seelen wie Spione sich
> Umschleichen, ja, dann flüstre ich:
> Phantom, du bist nicht meinesgleichen!
>
> Bist nur entschlüpft der Träume Hut,
> Zu eisen mir das warme Blut,
> 10 Die dunkle Locke mir zu blassen;
> Und dennoch, dämmerndes Gesicht,
> Drin seltsam spielt ein Doppellicht,

1. Annette von Droste-Hülshoff (1797–1848)

Trätest du vor, ich weiß es nicht,
Würd' ich dich lieben oder hassen?

15 Zu deiner Stirne Herrscherthron,
Wo die Gedanken leisten Fron
Wie Knechte, würd' ich schüchtern blicken;
Doch von des Auges kaltem Glast[20],
Voll toten Lichts, gebrochen fast,
20 Gespenstig, würd' ein scheuer Gast,
Weit, weit ich meinen Schemel rücken.

Und was den Mund umspielt so lind,
So weich und hülflos wie ein Kind,
Das möcht' in treue Hut ich bergen;
25 Und wieder, wenn er höhnend spielt,
Wie von gespanntem Bogen zielt,
Wenn leis es durch die Züge wühlt,
Dann möcht' ich fliehen wie vor Schergen.

Es ist gewiss, du bist nicht Ich,
30 Ein fremdes Dasein, dem ich mich
Wie Moses nahe, unbeschuhet,
Voll Kräfte, die mir nicht bewusst,
Voll fremden Leides, fremder Lust;
Gnade mir Gott, wenn in der Brust
35 Mir schlummernd deine Seele ruhet!

Und dennoch fühl' ich, wie verwandt,
Zu deinen Schauern mich gebannt,
Und Liebe muss der Furcht sich einen.
Ja, trätest aus Kristalles Rund,
40 Phantom, du lebend auf den Grund,
Nur leise zittern würd' ich, und
Mich dünkt – ich würde um dich weinen!

---

20 Glast: Veraltet für Glanz

1. Annette von Droste-Hülshoff (1797–1848)

Ab 1841 hielt sich die Dichterin überwiegend auf Schloss Meersburg am Bodensee auf. Dort entstanden unter dem Einfluss des Dichterkollegen und Freundes Levin Schücking (1814 1883), den sie seit 1837 kannte und mit dem sie eine unglückliche Liebe verband, zahlreiche liebeslyrische Texte und Naturgedichte. Letztere spielen vor allem im Westfälischen und im Bodenseeraum. Droste-Hülshoffs Lyrik zählt aufgrund ihrer **religiösen Tiefgründigkeit, Naturdarstellung und impressionistischen Sprachkraft** zu den wichtigsten literarischen Zeugnissen des Biedermeier.

1.2 Beispiel: *Im Grase* (1844)

Süße Ruh', süßer Taumel im Gras,
Von des Krautes Arome umhaucht,
Tiefe Flut, tief, tief trunkne Flut,
Wenn die Wolke am Azure verraucht,
5 Wenn aufs müde, schwimmende Haupt
Süßes Lachen gaukelt herab,
Liebe Stimme säuselt und träuft
Wie die Lindenblüt' auf ein Grab.

Wenn im Busen die Toten dann,
10 Jede Leiche sich streckt und regt,
Leise, leise den Odem zieht,
Die geschlossne Wimper bewegt,
Tote Lieb', tote Lust, tote Zeit,
All die Schätze, im Schutt verwühlt,
15 Sich berühren mit schüchternem Klang
Gleich den Glöckchen, vom Winde umspielt.

Stunden, flücht'ger ihr als der Kuss
Eines Strahls auf den trauernden See,
Als des ziehenden Vogels Lied,

1. Annette von Droste-Hülshoff (1797–1848)

20 Das mir nieder perlt aus der Höh',
Als des schillernden Käfers Blitz,
Wenn den Sonnenpfad er durcheilt,
Als der heiße Druck einer Hand,
Die zum letzten Male verweilt.

25 Dennoch, Himmel, immer mir nur
Dieses eine nur: für das Lied
Jedes freien Vogels im Blau
Eine Seele, die mit ihm zieht,
Nur für jeden kärglichen Strahl
30 Meinen farbig schillernden Saum,
Jeder warmen Hand meinen Druck
Und für jedes Glück meinen Traum.

Das Gedicht entstand in der Zeit, als sich Annette von Droste-Hülshoff auf Schloss Meersburg aufhielt. Die Anspielung „auf den trauernden See" (V. 18) ist wohl auf den Bodensee gerichtet. Der situative Kontext beschreibt ein lyrisches Ich, das im Gras liegt und seine Gedanken und Empfindungen wiedergibt.

▶ In den vier Strophen zu jeweils acht Versen wird **kein durchgehendes Metrum** verwendet.
▶ Die Füllung der Senkungen ist relativ frei.
▶ Das Reimschema ist unkonventionell, es erinnert an einen **Kreuzreim**, bei dem aber jeweils der erste und dritte Vers **reimlos** sind.

impressionistische Gedankenlyrik

Vom ersten Vers an wird der Leser mit impressionistischer Gedankenlyrik konfrontiert: Das lyrische Ich spiegelt den **Natureindruck** in subjektivierenden Metaphern. Die Position im Gras wird mit „Ruh" und „Taumel" (V. 1) paradox-kontrastiv beschrieben. Als Epitheton wird beiden Nomen das Adjektiv „süß" (V. 1) beigefügt, das einen Bewegungseindruck synästhetisch mit einer Geschmacksempfindung verbindet. A-, au- und o-**Assonanzen**

1. Annette von Droste-Hülshoff (1797–1848)

stellen die Binnenverbindung zwischen den einzelnen Versen der ersten Strophe her. Der Duft, den die das lyrische Ich umgebenden Kräuter verströmen, wird mit „Krautes Arom" (V. 2) unter Vermeidung des Hiats und unter Verwendung des poetischen ‚hauchen' (V. 2) umschrieben. Die Trias „tief" (V. 3), mit der die „Flut" näher bezeichnet wird, steht für das unendlich erscheinende Blau, das „Azur()" (V. 4) des Himmels, in dem sich die Wolken aufzulösen scheinen.

Das lyrische Ich charakterisiert sich als „müde" (V. 5). Zu der süßen Ruhe und dem süßen Taumel aus V. 1 gesellt sich ein „süßes Lachen" (V. 6), dessen Fröhlichkeit mit dem Verb „gaukeln" (V. 6) ausgedrückt wird. Im **neologistischen Ausdruck:** „(es) gaukelt herab" (V. 6) wird die Wahrnehmung des Lachens mit seiner einschlägigen Qualität festgehalten. Dabei nimmt das lyrische Ich auch eine „liebe Stimme" (V. 7) wahr. Allerdings wird mit dem „Säuseln" (V. 7) bereits eine manipulierende, also negative Eigenschaft konnotiert. Vollends wird ihr Fallen mit dem Vergleich „wie die Lindenblüt' auf ein Grab" (V. 8) umschrieben, wobei mit der Linde als typischem Baum der Liebenden Assoziationen zur **Liebeslyrik** geweckt werden und mit dem „Grab" auf das Ende nicht nur einer Liebe hingewiesen wird.

Versucht man den Inhalt dieser ersten Strophe in unpoetischer Sprache festzuhalten, so geht es um ein im Gras liegendes lyrisches Ich, das beim Blick in den Himmel an eine wohl zu Ende gegangene Liebesbeziehung denkt.

Die **Todes-Assoziation** wird in der **zweiten Strophe** weiter ausgestaltet: In der Erinnerung werden die Toten wieder lebendig. Dieses Lebendig-Werden wird mit dem Sich-Strecken der Toten (vgl. V. 10), dem langsamen Luftholen (vgl. V. 11) und dem behutsamen Öffnen der Augenlider (vgl. V. 12) umschrieben. In V. 13 folgt als eine Art **Conclusio** die Trias „tote" – Liebe, Lust und Zeit sind vergangen, ihr Verschwinden wird mit der Metapher „im Schutt verwühlt" (V. 14) umschrieben. Aber nun setzt die Erinnerung daran eine Wiederbelebung in Gang, das Vergangene bewegt und berührt sich „mit

1. Annette von Droste-Hülshoff (1797–1848)

schüchternem Klang" (V. 15). In der Metapher des Windspiels wird die vergängliche Zartheit dieser Bewegung bildhaft ausgedrückt.
Die Flüchtigkeit der Erinnerung wird in der **dritten Strophe** metaphorisch mit einem „Kuss" der Sonne (V. 17), dem Auftreffen eines Sonnenstrahls auf den See, umschrieben.

Flüchtigkeit der Erinnerung

Das Adjektiv „trauernd" (V. 18) projiziert die Empfindungen des lyrischen Ichs auf den personifizierten See. Die Verse 19–24 formulieren mit Anleihen aus der Natur (Vogel, Käfer) weitere bildhafte Umschreibungen für die Kürze des erinnernden Augenblicks. Mit dem Händedruck (vgl. V. 23 f.) wird wieder ein Vergleich aus dem menschlichen (nonverbalen) Kommunikationsbereich herangezogen: Der flüchtige Händedruck symbolisiert das Abrupte und die **Endgültigkeit des Abschieds.**
Die **vierte Strophe** setzt einen **Kontrapunkt** gegen die elegische Stimmung der ersten drei Strophen. Unterstrichen wird er bereits durch das adversative „dennoch" (V. 25) des ersten Verses. Der elliptische V. 25 lässt den Leser gerade durch die Auslassung des Prädikats rätseln, welche Aussage mit den Nomen verknüpft werden soll. Vom Ende der Strophe wäre eine Aussage wie „Himmel, gewähre mir nur" zu denken. Das lyrische Ich assoziiert nun in typisch romantischer Manier die vorher genannten Naturerscheinungen mit magisch-metaphysischen Begriffen: Die Seele wird mit dem Lied des Vogels verbunden (vgl. V. 26–28), der Sonnenstrahl mit dem „farbig schillernden Saum" (V. 30) – eine nur schwer ausdeutbare Chiffre.
Die ersehnte Antwort des lyrischen Ichs auf den ihr gewährten Händedruck ist dagegen klar fassbar (vgl. V. 31), und auch die Assoziation von Glück und Traum weckt positive Konnotationen. Mit der Verbindung von Glück und Traum wird eine romantische Metapher aktiviert, die die Vorstellung einer im Traum stattfindenden **Verschmelzung von Individuum und Natur/Universum** umfasst. In dieser Vereinigung liegt offenbar ein Glücksmoment – so schließt der letzte Vers des Gedichtes den Gedankengang des im Gras liegenden lyrischen Ichs ab.

1. Annette von Droste-Hülshoff (1797–1848)

Typisch für diesen Text ist zum einen das Aufgreifen romantischen Begriffsvokabulars (z. B. Traum, Vogel, Lied, Linde), die romantische Poetisierung der Natur und das Motiv des Abschieds. Auf der anderen Seite wird jenseits dieser Typisierungen eine individuelle und tiefe Innerlichkeit besonders in der vierten Strophe deutlich, die mit der Chiffre des Saums metaphorische Umschreibungen enthält, die auf die Unausdeutbarkeit moderner Gedichte verweist. Bereits modern ist auch der freie Umgang mit Metrum und Reimschema. Gleichzeitig weist das Gedicht **typisch biedermeierliche Züge auf:** die evozierte Vergänglichkeitsthematik des individuellen Rückzugs ins Private des persönlichen Gefühls und das Sich-Bescheiden mit „diesem einen nur" (vgl. V. 26).

Stichworte:

- freier Umgang mit Metrum und Reimschema
- impressionistische Gedankenlyrik
- Gedanken an eine wohl zu Ende gegangene Liebe
- vierte Strophe als Kontrapunkt zur elegischen Stimmung der ersten drei Strophen
- Traum von einer Verschmelzung Individuum und Natur
- Aufgreifen typisch romantischen Begriffsvokabulars (z. B. Traum, Vogel, Lied, Linde) und romantischer Motive (Abschied)
- typisch biedermeierliche Züge (Rückzug ins Private des Gefühls)
- zugleich individuelle Chiffren, die auf die Unausdeutbarkeit moderner Lyrik vorausweisen

2. Eduard Mörike (1804–1875)

2.1 Kurzbiografie

> Mörike gilt als der bedeutendste Lyriker, Erzähler (u. a. *Maler Nolten, Mozart auf der Reise nach Prag*) und Übersetzer der Übergangszeit zwischen später Romantik/Biedermeier und dem frühen Realismus. Sein lyrisches Werk besteht vor allem aus Balladen, Natur- und Liebesgedichten sowie symbolischen Dinggedichten. Kennzeichnend für seine Lyrik ist die humoristische Färbung der melancholischen Grundhaltung. Wurde Mörike mit seiner Feier von Heimat, Weltflucht und Privatheit lange als typischer Vertreter des Biedermeier angesehen, so erkannte man erst spät die Abgründigkeit und Modernität seiner Lyrik.

Eduard Mörike wurde am 8. September 1804 in Ludwigsburg geboren. Nach dem Tod des Vaters im Jahre 1817 kam Mörike zu seinem Onkel nach Stuttgart, der ihn für den Pfarrersberuf bestimmte: Nach dem **Studium der Theologie** (nach 1822 am Tübinger Stift, wo er David Friedrich Strauß und Theodor Vischer kennen lernte) und nach der Vikariatszeit ab 1826 (u. a. in Nürtingen und Weilheim) versah er von 1834 bis 1843 den **Pfarrdienst** in Cleversulzbach. Nach seiner frühzeitigen Pensionierung im Alter von 39 Jahren lebte Mörike mit seiner Schwester Klara von 1844 bis 1851 in Mergentheim und von 1851 bis 1867 in Stuttgart. Seine 1851 mit Margarethe Speeth eingegangene Ehe scheiterte. In Stuttgart arbeitete der Dichter vorübergehend als Lektor des Cotta-Verlages. Mörike starb am 4. Juni 1875.

Werk:
Die ersten dichterischen Versuche Mörikes fallen in die Zeit seines Studiums. Bereits die Vikariatszeit war bestimmt durch einen per-

2. Eduard Mörike (1804–1875)

manenten Zweifel an der persönlichen Eignung zum Pfarrberuf und einer großen Sympathie für die Schriftstellerei. Erste Werke erschienen in der *Damenzeitung* sowie im *Morgenblatt für gebildete Stände*. Mörike stand in Kontakt zum Schwäbischen Dichterkreis sowie zu Ludwig Uhland, Theodor Storm, Wilhelm Waiblinger und Paul von Heyse. In seinem psychologischen Künstlerroman *Maler Nolten* (1832), der unter dem Einfluss die Romantik sowie Goethes steht, verarbeitete er seine **unglückliche Liebe zu der Vagantin Maria Meyer.**

> Schwäbischer Dichterkreis

Sein lyrisches Werk besteht vor allem aus Balladen, Natur- und Liebesgedichten sowie **symbolischen Dinggedichten.** Kennzeichnend für seine Lyrik ist die humoristische Färbung der melancholischen Grundhaltung. Als Mörikes bekanntestes Gedicht gilt *Er ist's* (1829), eines der ersten „Dinggedichte" der deutschen Literatur, das z. B. in der Gegenwartslyrik von Karl Krolow (1915–1999) zitiert wurde[21]:

Er ist's (entst. 1829)

> Frühling lässt sein blaues Band
> Wieder flattern durch die Lüfte;
> Süße, wohlbekannte Düfte
> Streifen ahnungsvoll das Land.
> 5 Veilchen träumen schon,
> Wollen balde kommen.
> – Horch, von fern ein leiser Harfenton!
> Frühling, ja du bist's!
> Dich hab ich vernommen!

Andere bekannte Werke Mörikes sind der Roman *Maler Nolten* (1832), das Biedermeierepos *Idylle vom Bodensee oder Fischer Martin und die Glockendiebe* (Lyrik, 1846), Kunstmärchen wie *Das Stuttgar-*

---

21 Vgl. Gudrun Blecken, *Lyrik der Gegenwart.* Hollfeld: C. Bange Verlag, 2009, Kap. 15.2.

2. Eduard Mörike (1804–1875)

ter *Hutzelmännlein* (1853), die *Idylle vom Bodensee* (Lyrik, 1846) und die Novelle *Mozart auf der Reise nach Prag* (1855).

2.2 Beispiel: *Fußreise* (1828)

Am frischgeschnittnen Wanderstab,
Wenn ich in der Frühe
So durch Wälder ziehe,
Hügel auf und ab:
5 Dann, wie's Vögelein im Laube
Singet und sich rührt,
Oder wie die goldne Traube
Wonnegeister spürt
In der ersten Morgensonne:
10 So fühlt auch mein alter, lieber
Adam[22] Herbst- und Frühlingsfieber,
Gottbeherzte,
Nie verscherzte
Erstlings-Paradieseswonne.

15 Also bist du nicht so schlimm, o alter
Adam, wie die strengen Lehrer sagen;
Liebst und lobst du immer doch,
Singst und preisest immer noch,
Wie an ewig neuen Schöpfungstagen,
20 Deinen lieben Schöpfer und Erhalter.

Möcht es dieser geben,
Und mein ganzes Leben
Wär im leichten Wanderschweiße
Eine solche Morgenreise?

---

[22] Alter Adam: der von der Erbsünde und seinen Schwächen belastete Mensch.

2. Eduard Mörike (1804–1875)

Eduard Mörike beschreibt in seinem Gedicht *Fußreise* die Gedanken eines lyrischen Ichs am **frühen Morgen,** die um **Gott und Menschen** kreisen. Das Gedicht besteht aus drei Strophen zu 14, sechs und vier Versen. **In der ersten Strophe** beschreibt das lyrische Ich seine morgendliche Wanderung. Es läuft mit einem frisch geschnittenen Wanderstab über Hügel und durch Wälder. Dabei vernimmt es Vogelgezwitscher und bewundert die in der Morgensonne golden erscheinenden Trauben. Der Mensch empfindet beim Wandern durch die Natur ein **Glücksgefühl,** wie es nur mit dem Wohlgefühl im Paradies zu vergleichen ist. **In der zweiten Strophe** schließt das lyrische Ich aus diesem Glückszustand, dass der **Mensch doch nicht so schlecht** sei, wie es strenge Lehrer immer behaupten: Das erkenne man daran, dass der Mensch Gott nach wie vor aufs Höchste verehrt. Das lyrische Ich wünscht, dass es Gott ermögliche, dass **das ganze Leben in der harmonischen Unbeschwertheit** dieser Morgenwanderung verlaufe.

Als Aussage lässt sich festhalten, dass der Mensch in der Natur Gott erkennen und loben kann.

Die **poetischen Mittel** unterstreichen das unbeschwerte Wandern und die beglückende Gotteserfahrung. Im Einzelnen finden sich:

> Wandern und Gotteserfahrung

- ▶ **Metrum, Reimform, Rhythmus:** Der erste Vers besteht aus einem vierhebigen **Jambus,** die restlichen Verse sind **Trochäen,** die jeweils **unterschiedliche Hebungszahlen** aufweisen. Im Gegensatz zur ersten Strophe findet sich in der zweiten Strophe eine geordnete Abfolge von vierhebigen Trochäen. Auch hinsichtlich der Reimform lässt sich zum Ende des Gedichts eine zunehmende Ordnung feststellen: In der ersten Strophe steht nach einem **umschließenden Reim** (vgl. V. 1–4) ein **Kreuzreim** (vgl. V. 5–8), danach sind zwei **Paarreime** (vgl. V. 10–13) von einem **umschließenden Reim** (vgl. V. 9 u. 14) eingerahmt. Die zweite Strophe besteht aus einem Kreuzreim (vgl. V. 15 f. u. 19 f.), in den ein **Paarreim** eingeschoben ist (vgl. V. 17 f.), und schließlich aus zwei weiteren **Paarreimen** (vgl. V. 21–24).

2. Eduard Mörike (1804–1875)

Metrum und Reimform bedingen einen Sprechrhythmus, der einen immer wieder unterbrochenen **Wandertakt** suggeriert. Die **Unregelmäßigkeiten in Metrum und Reimform** zeichnen das **Auf und Ab der Wanderung** nach, deren Dynamik durch zahlreiche **Enjambements** (vgl. V. 1–14, 15 f., 17–20, 21–23) unterstützt wird.

- **Syntax:** unregelmäßiger Satzbau in der ersten Strophe, die zweite Strophe weist eine regelmäßige Syntax auf; dies ließe sich als zunehmende gedankliche Klarheit deuten. Während in der ersten Strophe noch ungeordnet-emotional die Natur erlebt wird, wird das Erlebte in der zweiten Strophe gedeutet bzw. in einen Wunsch ausgestaltet.
- **Inversion** (vgl. V. 1): Der Wanderstab wird als Halt besonders hervorgehoben.
- **f-Alliteration** („frischgeschnittnen", V. 1; „Frühe", V. 2; „Frühlingsfieber", V. 11): Betonung zusammengehöriger Begriffe
- **Vergleich** („wie's Vögelein im Laube", V. 5; „wie die goldne Traube", V. 7): Verbindung des Menschen mit der belebten Natur
- **Parallelismus** („Liebst und lobst du immer doch, / Singst und preisest immer noch", V. 17 f.) zur Verdeutlichung der Verehrung Gottes
- **Neologismus** („Herbst- und Frühlingsfieber", V. 11; „Gottbeherzte", V. 12): assoziative Umschreibung der menschlichen Unbeschwertheit
- **o-Assonanz** („o", V. 15; „lobst", V. 17; „doch", V. 17; „noch", V. 18): Herstellung einer lautlichen Verbindung zu „Schöpfer" (V. 20) bzw. „Schöpfungstagen" (V. 19)

Als **zentrale Bilder und Symbole** lassen sich beschreiben:
- **„alter Adam"** (V. 10 f.): biblische Bezeichnung für den Menschen, der die **harmonische Einheit mit Gott** im Paradies aufgibt, indem er vom Baum der Erkenntnis isst. Auf diese Abkehr von Gott bezieht sich der Kommentar in V. 15 ff. Mit den „strenge(n) Lehrer(n)" (V. 16) sind wohl **theologische Lehrer** ge-

2. Eduard Mörike (1804–1875)

meint, die sich mit dem biblischen Menschenbild befassen. Das Wohlgefühl, das der Mensch im Erlebnis der morgendlichen Natur erfährt, ist als ein Lob der Schöpfung Gottes aufzufassen. Wie im Paradies ist der Mensch mit Gott in Liebe vereint, **demutsvoll und voller Freude kehrt er sich seinem Schöpfer zu.** Dabei wird nicht ganz klar, wen das lyrische Ich mit „alter, lieber Adam"

> Kritik der Theologie?

(V. 10 f.) tituliert: Zunächst könnte es sich selbst meinen und gewissermaßen an die eigene Sündhaftigkeit erinnern. Adam könnte aber auch als Synekdoche Ausdruck für alle Menschen sein. Schließlich wäre daran zu denken, dass Mörike mit der positiven Auffassung des Menschen diejenigen Theologen **kritisiert**, die an dem Dogma der menschlichen Sündhaftigkeit festhalten. Zu dieser Deutung würde der Hinweis auf die strengen Lehrer (vgl. V. 16) passen. Mörike vertritt eine humanere, theologiekritische Haltung, die sich im Schöpferlob konkretisiert.

▶ **Wandermotiv:** Das **Leben** wird **als eine Wanderung** aufgefasst (vgl. Strophe 1 und 3); so wie die Liebe Gottes auf der morgendlichen Wanderung erfahren wird, so soll sie auch das Leben begleiten. Das Wandermotiv wird besonders in der **romantischen Lyrik** gestaltet, vgl. z. B. Joseph von Eichendorffs *Abschied* (1815) oder *Die zwei Gesellen* (1818). Im Unterwegs-Sein findet sich ein Ausdruck der Sehnsucht des Menschen nach Einheit mit der Natur. Mörike greift ein zur damaligen Zeit beliebtes Motiv auf und gibt ihm durch die Übertragung auf das ganze menschliche Leben symbolhafte Tiefe.

Die **Wanderung am frühen Morgen**, die **Erfahrung Gottes in der Natur** und das Motiv der **Lebenswanderung** sind Elemente der Literatur der Romantik (vgl. z. B. Eichendorffs *Aus dem Leben eines Taugenichts*, *Mondnacht*). Die Betonung der **privaten Gotteserfahrung** in der Natur und die Konzentration auf den Wunsch, das eigene Leben möge wohlgeordnet und von Gott gesegnet verlaufen, lassen eine Einordnung des Gedichtes in die Epoche des **Biedermeier** zu.

2. Eduard Mörike (1804–1875)

Stichworte:

- Mensch kann in der Natur Gott erkennen und loben
- unbeschwertes Wandern und beglückende Gotteserfahrung
- poetische Mittel weisen zunehmende Ordnung auf (z. B. Metrum, Syntax)
- zentrale Bilder: alter Adam, Wandermotiv
- Kritik des theologischen Dogmas von der menschlichen Sündhaftigkeit
- Leben als Wanderung
- Betonung der privaten Gotteserfahrung, Wunsch nach Ordnung und Gottes Segen

2.3 Beispiel: *Das verlassene Mägdlein* (entst. 1829)

Früh, wann die Hähne krähn,
Eh die Sternlein verschwinden,
Muss ich am Herde stehn,
Muss Feuer zünden.

5 Schön ist der Flammen Schein,
Es springen die Funken;
Ich schaue so drein,
In Leid versunken.

Plötzlich, da kommt es mir,
10 Treuloser Knabe,
Dass ich die Nacht von dir
Geträumet habe.

2. Eduard Mörike (1804–1875)

Träne auf Träne dann
Stürzet hernieder;
15 So kommt der Tag heran –
O ging er wieder!

Liebe, und zwar meist die unerfüllte, ist ein beliebtes Motiv romantischer Dichter, als Beispiel sei nur an Joseph von Eichendorffs *Das zerbrochene Ringlein* (1813) oder an Clemens Brentanos *Nachtlied* (1802) erinnert. Auch in der Biedermeier-Epoche wird das Thema gestaltet: Das vorliegende Gedicht nimmt Bezug auf die Romantik, indem es in der seit der Romantik beliebten **Volksliedform** verfasst ist. Es zeichnet sich durch einfaches Vokabular und **zahlreiche bildhafte Ausdrucksweisen** aus.

> unerfüllte Liebe als Motiv

Das **Rollengedicht** ist **volksliedartig** in **vier Strophen** eingeteilt. In der ersten Strophe wird die Ausgangsszene beschrieben: Das lyrische Ich verkörpert eine junge Frau, die als Hausangestellte beschäftigt ist und frühmorgens den Herd einheizen muss. In der zweiten Strophe versinkt die Frau in den Anblick des Funken schlagenden Feuers. In der dritten Strophe erinnert sie sich daran, dass sie in der letzten Nacht von dem jungen Mann **geträumt** hat, der sie verlassen hat. In der letzten Strophe beschreibt das Mädchen, wie es zu weinen beginnt. Es wünscht sich, dass der Tag schnell vorbeigehe. Als Aussage des Gedichtes ließe sich festhalten, dass das Verlassen-Werden tiefe Trauer und Verzweiflung nach sich ziehen kann; die Trauer verfolgt den Menschen in seine Träume und in den Arbeitsalltag.

Einfache Wortwahl, Diminutiv („Sternlein", V. 2) und die **Volksliedform** bedingen eine **schlicht wirkende Ausgestaltung** des Themas. Die Trauer der einfachen Magd wirkt dadurch umso ergreifender. Im Einzelnen lassen sich im Dienste der Aussage die folgenden poetischen Mittel benennen:

- ▶ **Gedichtform: Rollengedicht/Volksliedform** (vier Strophen zu je vier Versen)

2. Eduard Mörike (1804–1875)

- **Metrum:** unregelmäßige Abfolge von ein- und zweihebigen Senkungen (Daktylus in V. 1, 3, 5, 9, 11, 13, 15; Jambus: V. 4, 8, 12, 16), dadurch wird Unruhe erzeugt, die die Gemütsbewegung der verlassenen jungen Frau widerspiegelt.
- **Reimform:** Kreuzreim
- **Binnenreim** („Früh, wann die Hähne krähn", V. 1): besondere Betonung des Tagesanbruchs, Hinweis auf die Natur/Tierwelt
- **s-Alliteration** („Sternlein", V. 2; „schön", V. 5; „Schein", V. 5): Der Morgen verläuft zunächst harmonisch; vor dem Einsetzen der Erinnerung hat das Mädchen Gelegenheit, die Schönheit der Umgebung zu betrachten.
- **Parallelismus, Anapher** („Muss ich am Herde stehn, / Muss Feuer zünden", V. 3 f.): Die Pflicht zur Arbeit wird unterstrichen. Die persönliche Tragödie, die das Mädchen erlebt hat, entbindet es nicht von dem Dienst im Haus.
- **Inversion** (vgl. V. 5): Betonung der Schönheit der Flammen, die sich aber als trügerisch erweist, weil sie die **schmerzhafte Erinnerung des Mädchens** evoziert.
- **f-Alliteration** („Feuer", V. 4; „Flammen", V. 5; „Funken", V. 6;), **Metapher/Symbol:** Die Flamme kann als Symbol für die Zerstörung der Beziehung zu dem jungen Mann stehen. Indem sie die Frau an Vergangenes erinnert, macht sie ihr die **Nicht-Existenz des ersehnten Zustandes** deutlich. So wie die Flammen das Brennmaterial verzehren, so hat die Zeit die Beziehung immer mehr in die Vergangenheit gedrängt und dadurch zunehmend unwirklicher gemacht.
- **Emphase** („Plötzlich", V. 9; „O ging er wieder!", V. 16), **Wiederholung** („Träne auf Träne", V. 13), Gedankenstrich (V. 15): Diese Mittel drücken die emotionale Erregung aus; insbesondere die **Interjektion** „O" (V. 16) konnotiert mit intensiver Trauer.

Es werden **drei zentrale Bilder und Symbole** verwendet:

- **Tagesanbruch:** Das Motiv des beginnenden Tages ist seit den mittelhochdeutschen Tagliedern traditionell mit der Trennung

2. Eduard Mörike (1804–1875)

des Paares verbunden (vgl. z. B. Dietmar von Aist *Slâfst du, friedel ziere?*). Im vorliegenden Gedicht hat die Trennung bereits stattgefunden, der Trennungsschmerz wird bei Tagesanbruch wieder akut und führt die als Vertrauensverrat empfundene Loslösung des geliebten Mannes erneut vor Augen.

▶ **Flammen:** Das Symbol des Feuers wird traditionell mit Zerstörung, aber auch mit Leidenschaft assoziiert. Das vorliegende Gedicht scheint auf beide Bedeutungsmöglichkeiten Bezug zu nehmen: Die Erinnerung an die leidenschaftliche, nun aber zerstörte Beziehung wird als besonders schmerzhaft erlebt.

> Symbol für Zerstörung und Leidenschaft

▶ **Traum:** Der Traum ist in der romantischen Lyrik der Ort der Sehnsucht (vgl. Eichendorffs *Mondnacht*). Nach psychologischer Deutungsart finden sich im Traum unbewältigte Tageserlebnisse wieder. So ist es auch bei dem lyrischen Ich, das sich nachts dem Objekt seiner Sehnsucht im Traum nähert. Auch das verlassene Mädchen ist ein beliebtes Motiv romantischer Lyrik (vgl. Brentanos *Der Spinnerin Nachtlied*).

Das Gedicht, das der Epoche des Biedermeier zuzuordnen ist, vermittelt mit der verlassenen Magd auch das typische **Menschenbild dieser literarischen Strömung:** Die junge Frau ist den eigenen Gefühlen **ausgeliefert,** sie unternimmt keinen Versuch, ihr Leid zu bewältigen, sondern gibt sich ihm einfach hin.

Stichworte:
- unerfüllte Liebe als Motiv
- Rollengedicht
- volksliedhafte Unterteilung in vier Strophen
- einfaches Vokabular, schlichte Ausgestaltung
- Kreuzreim, unregelmäßiges Metrum
- zentrale Bilder: Tagesanbruch, Flammen, Traum
- statt Gefühlsbewältigung Selbstauslieferung an Emotion

2. Eduard Mörike (1804–1875)

2.4 Beispiel: *An die Geliebte* (entst. 1830)

Wenn ich, von deinem Anschaun tief gestillt,
Mich stumm an deinem heilgen Wert vergnüge,
Dann hör' ich recht die leisen Atemzüge
Des Engels, welcher sich in dir verhüllt,

5 Und ein erstaunt, ein fragend Lächeln quillt
Auf meinem Mund, ob mich kein Traum betrüge,
Dass nun in dir, zu ewiger Genüge,
Mein kühnster Wunsch, mein einzger, sich erfüllt?

Von Tiefe dann zu Tiefen stürzt mein Sinn,
10 Ich höre aus der Gottheit nächtger Ferne
Die Quellen des Geschicks melodisch rauschen.

Betäubt kehr ich den Blick nach oben hin,
Zum Himmel auf – da lächeln alle Sterne;
Ich kniee, ihrem Lichtgesang zu lauschen.

Der schwäbische Pfarrer Eduard Mörike greift in seinen Werken gerne auf **romantische Motive** zurück, auch wenn sein Werk in die literarische Epoche des Biedermeier einzuordnen ist. In dem vorliegenden **Sonett** *An die Geliebte* überhöht das lyrische Ich seine Liebe in typisch romantischer Weise ins Göttliche.
Im ersten Quartett ergeht sich das lyrische Ich in der Betrachtung der (schlafenden?) Geliebten, in der es einen Engel zu sehen glaubt. Im zweiten Quartett kommt die Befürchtung zum Ausdruck, ob seine Liebe nur ein trügerischer Traum sein könnte. Im ersten Terzett beschreibt das lyrische Ich seine mystische Versenkung. Seine Liebeserfahrung wird metaphysisch gesteigert, weil es die Vorsehung des Schicksals erahnt. Im zweiten Terzett wendet es seinen Blick dem Himmel entgegen; in kniender Stellung erfährt es beglückt die Harmonie mit dem Universum.

2. Eduard Mörike (1804–1875)

In der Liebe erfährt der Mensch die Anwesenheit des Göttlichen. Sie befähigt ihn, die **harmonische Einheit mit dem Universum** zu erleben.

> Liebe als Anwesenheit des Göttlichen

Es lassen sich die folgenden **sprachlichen und formalen Mittel** feststellen:

- **Sonett,** fünfhebige **Jamben,** umarmende Reime in Quartetten, dreifache Reimreihe in Terzetten, Wechsel von weiblichen und männlichen Kadenzen: Form als Darstellung des Gedankengangs, Verbindung von Zusammengehörendem (Quartette bestehen aus einem Satz, eingeleitet mit „wenn");
- zahlreiche **Adjektive:** z. B. „tief" (V. 1), „stumm" (V. 2), „heilgen" (V. 2), „leisen" (V. 3), Ausmalung der Gefühle des lyrischen Ichs;
- **Wortwahl** aus dem religiösen Bereich: z. B. „heilgen" (V. 2), „Engel" (V. 4), „Gottheit" (V. 10), „Himmel" (V. 13), verdeutlichen die Erhöhung der Liebeserfahrung in den religiösen Bereich;
- **Synästhesie:** „Lichtgesang" (V. 14) als Ausdruck der die Sinne erfassenden (religiösen) Erfahrung der Natur;
- **Personifikation:** „da lächeln alle Sterne" (V. 13), Projektion der Vorstellung des lyrischen Ichs auf die Sterne, die sich ihm als Gegenüber anbieten; sie verweisen auf den göttlichen Schöpfer;
- **romantische Bilder** von Traum (vgl. V. 6), Sehnsucht/Wunsch (vgl. V. 8), Ferne (vgl. V. 10), Sterne (vgl. V. 13), Erfahrung des Göttlichen in der Natur (vgl. V. 12–14) unterstreichen die Aussage des Gedichtes vom Erleben des Göttlichen in der irdischen Liebe, in der Natur.

Die Aussage des Gedichtes mag den heutigen Leser beeindrucken. Als ein Gegenentwurf zur Realität offenbart es die Sehnsucht nach Entgrenzung, aber auch nach dem Aufgehoben-Sein in einer göttlichen Weltordnung. Solches Denken begründet sich in der Zeit des Vormärz zum einen in der **Enttäuschung über die politischen**

2. Eduard Mörike (1804–1875)

Sehnsucht nach Entgrenzung

Verhältnisse; bei Mörike selbst könnte auch die Abneigung gegen seinen Beruf als Pfarrer eine Rolle gespielt haben. Mit einem romantischen Gegenentwurf lässt sich die Realität ein wenig besser ertragen. Eine Veränderung der Realität bewirkt dieser Entwurf indes nicht. Diese Passivität könnte den modernen Leser auch befremden.

Stichworte:

- romantische Motive
- Überhöhung der Liebe ins Göttliche
- Sehnsucht nach Entgrenzung, Aufgehoben-Sein in göttlicher Ordnung
- Sonett, fünfhebige Jamben
- Wortwahl aus dem religiösen Bereich
- politische Enttäuschung und Unzufriedenheit mit Beruf als mögliche biografische Motive

3. Friedrich Hebbel (1813–1863)

3.1 Kurzbiografie

> Hebbel wurde vor allem als Dramatiker bekannt, seine Gedanken-Lyrik stand dagegen lange im Schatten seiner berühmten Stücke wie das bürgerliche Trauerspiel *Maria Magdalena* oder die Prosatragödie *Agnes Bernauer*. Während in Hebbels Geschichtsdramen der schuldhafte Konflikt des Einzelnen mit dem Weltwillen thematisiert wird, hatte die Lyrik für ihn eine **therapeutische Funktion**, sie galt ihm gleichermaßen als der **Ausdruck eines in der Welt verborgenen Sinns.** Von starkem Einfluss auf sein Werk waren die philosophischen Schriften Hegels und Schopenhauers.

Friedrich Hebbel wurde am 18. März 1813 in Wesselburen/Dithmarschen als Sohn des Maurers Claus Friedrich Hebbel geboren. Er wuchs in ärmlichen Verhältnissen auf. Nach dem Tod des Vaters im Jahre 1827 kam er in den Hausdienst des Kirchenspielvogts Johann Jacob Mohr. Dort durfte Hebbel die Bibliothek benutzen und schrieb erste Gedichte. 1834 ging Hebbel zunächst nach Hamburg, dann, zwei Jahre später, nach Heidelberg, wo er Jura, Literatur und Geschichte studierte; aus Geldmangel musste er sein Studium jedoch abbrechen. Die Jahre 1839–1843 verbrachte er wieder in Hamburg, bis er dank eines Stipendiums des dänischen Königs 1844 nach Frankreich und Italien reisen konnte. Erste literarische Erfolge stellten sich ein, als Hebbel 1845 Wien besuchte. Fürsprecher unterstützten ihn finanziell, die Heirat mit der Burgschauspielerin Christina Enghaus verschaffte dem Dramatiker endlich gesicherte materielle Verhältnisse, sodass er sich bis zu seinem Tode ganz seiner literarischen Produktion widmen konnte. Hebbel starb am 13. Dezember 1863 in Wien.

3. Friedrich Hebbel (1813–1863)

Werk:
Hebbels literarische Bedeutung wird auf der Webseite der Hebbel-Gesellschaft so beschrieben:

> Brücke zwischen Goethe und George

„Als Dramatiker war er der legitime Nachfolger Schillers und Kleists, als Lyriker spannte er eine Brücke zwischen Goethe und George, als Prosaist war er einer der Begründer der Kurzgeschichte. Sein Tagebuch ist das einzigartige Dokument einer lebenslangen Suche nach der eigenen Bestimmung."[23]

Seine Erfahrungen materieller Not prägen die **Darstellung der sozialen Verhältnisse,** in denen er die Figuren seiner Dramen handeln lässt. In seinem wohl bekanntesten Drama, dem bürgerlichen Trauerspiel *Maria Magdalena* (1846 uraufg.), gestaltet er die Problematik eines inhumanen bürgerlichen Sittenkodex am Beispiel einer unehelichen Schwangerschaft. In dem Trauerspiel *Agnes Bernauer* (1852) thematisiert er den klassischen tragischen Konflikt zwischen Individuum und Geschichte/Schicksal. Von starkem Einfluss auf sein Werk waren die philosophischen Schriften Hegels und Schopenhauers. Für Hebbel hatte Lyrik eine **therapeutische Funktion,** sie galt ihm gleichermaßen als der **Ausdruck eines in der Welt verborgenen Sinns.**[24]

3.2 Beispiel: *An den Tod* (1837)

> Halb aus dem Schlummer erwacht,
>   Den ich traumlos getrunken,
>   Ach, wie war ich versunken
> In die unendliche Nacht!

---

23 http://www.hebbel-gesellschaft.de/hebbel.html [Stand: 1. 4. 2009].
24 Vgl. Kreuzer, S. 121.

3. Friedrich Hebbel (1813–1863)

5 Tiefes Verdämmern des Seins,
    Denkend nichts, noch empfindend!
    Nichtig mir selber entschwindend,
Schatte mit Schatten zu eins!

Da beschlich's mich so bang,
10   Ob auch, den Bruder verdrängend,
    Geist mir und Sinne verengend,
Listig der Tod mich umschlang.

Schaudernd dacht' ich's, und fuhr
    Auf, und schloss mich ans Leben,
15   Drängte in glüh'ndem Erheben
Kühn mich an Gott und Natur.

Siehe, da hab' ich gelebt:
    Was sonst, zu Tropfen zerflossen,
    Langsam und karg sich ergossen,
20 Hat mich auf einmal durchbebt.

Oft noch berühre du mich,
    Tod, wenn ich in mir zerrinne,
    Bis ich mich wieder gewinne
Durch den Gedanken an dich!

Das Gedicht, das Hebbel als 24-Jähriger schrieb, entstand während seines Aufenthalts in München: Nach dem Abbruch seines Jurastudiums in Heidelberg war er – persönlich und beruflich ohne konkretes Ziel – dorthin gewandert und durchlebte eine Phase depressiver Verstimmung, von der auch das Gedicht teilweise geprägt ist. Inhalt und Struktur der sechs vierzeiligen Strophen lassen sich klar beschreiben: Strophe 1 und 2 thematisieren die **„Schattenwelt" des Schlafes.** In Strophe 1 beschreibt das lyrische Ich den Zustand des traumlosen Schlafes, aus dem es langsam erwacht. Der Zustand

3. Friedrich Hebbel (1813–1863)

wird mit Dunkelheit assoziiert (vgl. V. 4), es ist ein Versinken in eine Unendlichkeit (vgl. V. 3 f.). In der zweiten Strophe wird ausgedrückt, dass dem lyrischen Ich auch die eigene Identität schwindet. Es existiert weder ein rationales noch ein emotionales Bewusstsein in der „Schattenwelt" des Schlafes. In Strophe 3 erfolgt ein **Stimmungsumschwung:** Es wird eine Ahnung im lyrischen Ich wach, dass möglicherweise auch der Bruder des Schlafs (vgl. V. 10), der Tod, daran beteiligt ist, das rationale und emotionale Bewusstsein zu rauben. Dies wird als „List" (vgl. V. 12) des Todes verstanden. Diese Erinnerung an den Tod bewirkt eine völlige **Umorientierung** in Strophe 4: Das lyrische Ich „fuhr / Auf" (V. 13 f.) – die abrupte Aufwärtsbewegung wird durch den Zeilensprung unterstrichen. Es bindet sich wieder an das Leben (vgl. V. 14); voller **Lebensfreude** kehrt es zu Gott und Natur zurück (vgl. V. 15 f.).

Die Strophe 5 und 6 formulieren ein **Fazit:** Die plötzliche Erinnerung an den Tod hat das lyrische Ich völlig und mit einem Schlage erfasst – normalerweise wird das Individuum immer wieder einmal mehr oder weniger sanft an die Sterblichkeit erinnert: „Was sonst, zu Tropfen zerflossen, / Langsam und karg sich ergossen" (V. 18 f.). In Strophe 6 **appelliert** das lyrische Ich an den personifizierten Tod direkt („du", V. 21), dass es ihn in den Momenten, in denen es wieder in die Dunkelheit versinken sollte, an die eigenen Sterblichkeit erinnern und damit ins Leben zurückholen möge.

Gedankenlyrik

Das Gedicht, das aufgrund seiner Thematik zur Gedankenlyrik zu rechnen ist, zählt zu den Meisterwerken Hebbels: Mit dem typischen „Hebbel-Vers", dem dreihebigen **Daktylus,** wird ein relativ starres Metrum verwendet. Es kann als **Disziplinierungsinstanz** des lyrischen Ichs verstanden werden, das der Erfahrung, ins Formlose zu zerfließen, entgegenwirkt. Der ruhige metrische Wechsel von Stauung und Strömung kann gedeutet werden als ein auf der Ebene des Klanges unternommener Versuch eines Ausgleichs zwischen den Gegensätzen Tod und Leben, Nacht und Tag.

3. Friedrich Hebbel (1813–1863)

Inhaltlich-Thematisches wird mit Hilfe von Assonanzen verbunden (u-Assonanz in Strophe 1, i-Assonanz in Strophe 2, 3 und 6, ü-Assonanzen in Strophe 4, o- und a-Assonanz in Strophe 5). Der Tempusgebrauch, vor allem das Imperfekt und das Futur, betonen die Zweiteilung des Textes: Die Erfahrung des Zerfließens in die Schattenhaftigkeit wird im Vergangenheitstempus berichtet, das Futur wird im **Appell an den Tod** verwendet. Das adverbial gebrauchte „da" (V. 9) im Sinne von „jetzt" wendet den Blick in die Gegenwart, auch wenn grammatikalisch das Imperfekt verwendet wird.

Der Schlaf wird als Bruder des Todes verstanden, die Erinnerung an den Tod rüttelt das lyrische Ich auf: Das „Wiederbelebungs-Enjambement" in V. 13 f. signalisiert mit „Auf" neuen Lebensmut: „(ich) schloss mich ans Leben" (V. 14).

Stichworte:

- Erinnerung an Tod und Sterblichkeit als Voraussetzung neuer Lebensfreude
- Gedankenlyrik
- dreihebiger Daktylus (typischer „Hebbel-Vers")
- starres Metrum als Disziplinierungsinstanz für das lyrische Ich
- metrischer Wechsel von Stauung und Strömung: Ausgleich der Gegensätze von Leben und Tod
- Inhaltlich-Thematisches wird mit Hilfe von Assonanzen verbunden

---

Das lyrische Ich, das ganz auf sich selbst bezogen ist, ist der historisch-chronologischen Zeit völlig enthoben. Es erlebt seine Existenz als Wechsel zwischen den Extremen Wachen/Leben und Schlaf/Tod. Der Selbstverlust wird als Gefahr empfunden. Die Selbstauflösung im Schlaf, dem Bruder des Todes, ist eine Bedrohung, die auch in *Nachtlied* gestaltet ist:

Nachtlied (entst. 1836)

>Quellende, schwellende Nacht,
>   Voll von Lichtern und Sternen;
>   In den ewigen Fernen,
>Sage, was ist da erwacht!
>
>5 Herz in der Brust wird beengt,
>   Steigendes, neigendes Leben,
>   Riesenhaft fühle ich's weben,
>Welches das meine verdrängt.
>
>Schlaf, da nahst du dich leis,
>10   Wie dem Kinde die Amme,
>   Und um die dürftige Flamme
>Ziehst du den schützenden Kreis.

3.3 Beispiel: *Mysterium* (entst. 1842)

>O, könnte ich den Faden doch gewinnen,
>   Der, mich mit Gott und der Natur verknüpfend,
>   Und, abgewickelt, das Geheimste lüpfend,
>Verborgen sitzt im Geist und in den Sinnen!
>
>5 Wie wollte ich ihn mutig rückwärts spinnen,
>   Bis er mir, endlich von der Spindel hüpfend,
>   Und in den Mittelpunkt hinüberschlüpfend,
>Gezeigt, wie All und Ich in eins zerrinnen.

3. Friedrich Hebbel (1813–1863)

> Nur fürchte ich, dass, wie ich selbst Gedanken,
> 10 Die gleich Kometen blitzten, schon erstickte,
>   Eh' ich verging in ihrem glühnden Lichte,
>
> So auch das All ein Ich, das, seiner Schranken
>   Vergessen, an das Welten-Rätsel tickte,
>   Aus Notwehr, eh' es tiefer dringt, vernichte.

Ein „Mysterium" ist eine Bezeichnung für etwas **Dunkles, Geheimnisvolles**, etwas, das nicht vollständig ausdeutbar ist, sondern sich dem Zugriff des Verstandes permanent und letztlich erfolgreich verschließt. Hebbel wählt als Gedichtform das Sonett und greift damit eine in der Barock-Zeit beliebte Form auf, mit der existenzielle Themen wie „Vergänglichkeit", „Krankheit" und „Todeserfahrung" gestaltet wurden. Das Sonett ist metrisch überaus regelmäßig gestaltet: Sämtliche Verse gehorchen einem **fünfhebigen Jambus,** in den Quartetten finden sich **umarmende Reime,** die beiden Terzette werden durch einen **Schweifreim** miteinander verbunden.

Das erste Quartett formuliert einen **Wunsch:** Das lyrische Ich möchte einen „Faden" (V. 1) gewinnen. Von diesem Faden wird ausgesagt, dass er eine Verbindung herstellt zwischen dem Göttlichen und der Natur und dass er sich im menschlichen Geist und in seiner Sinneswahrnehmung versteckt. „Abgewickelt" (V. 3) deutet auf das Bild eines Spinnfadens hin, der auf einer Spule aufgewickelt wird. Ist er von der Spule befreit, dann öffnet sich etwas Geheimnisvolles (vgl. V. 3).

Mit dem **Symbol des Fadens** wird ein Bild aus der griechischen Mythologie aufgerufen: Der Lebensfaden wird in der griechischen und römischen Mythologie von den Moiren bzw. den Parzen bearbeitet: Die | Schicksalsgöttinnen

Schicksalsgöttin Klotho spinnt den Faden, Lachesis sichert seinen Bestand, Atropos schneidet ihn ab, beendet somit das Leben. Das Spinnen eines Fadens bekommt damit die Bedeutung eines existenziellen Bildes.

3. Friedrich Hebbel (1813–1863)

Das lyrische Ich will den Anfang des „Lebensfadens" erkennen („gewinnen", V. 1), es will – im Bild gesprochen – des Fadens habhaft werden, um durch das Abspulen des Fadens die Erkenntnis seines eigenen Lebenssinns („das Geheimste", V. 3) zu erreichen.

Der Irrealis (Konjunktiv Präteritum in V. 1: „könnte") wird mit „wollte" (V. 5) fortgesetzt. Wenn das lyrische Ich den Anfang des Fadens in den Händen hielte, dann würde es ihn von der Spule abwickeln. In V. 6 f. überträgt das lyrische Ich den Bildgehalt der Metaphorik auf den Sachzusammenhang: Das Erreichen des Fadenendes wird gleichgesetzt mit der Erkenntnis, „wie All und Ich in eins zerrinnen" (V. 8), das heißt, wie Individuum und Welt zusammengehören. Es geht dem lyrischen Ich darum, das **Lebensgesetz** zu erfahren. In V. 13 wird es treffend „das Welten-Rätsel" genannt.

Die Quartette formulieren somit den Wunsch des Individuums, den Lebensfaden zu entwirren, ihn an den Anfang zurückzuspulen, um dort die wahren Lebensgesetze zu erfahren.

Die beiden **Terzette** schränken diesen Wunsch eindrucksvoll ein: Hypotaktisch verschachtelt drückt das lyrische Ich die Befürchtung aus, dass das Unendliche sich gegen ein so neugieriges Individuum, das seine natürlich gesetzten Wissensgrenzen überschreitet, wehren und es vernichten könnte. Diese Vernichtung geschehe „aus Notwehr"

> das Unendliche wehrt sich

(V. 14) – ein Rechtsbegriff wird verwendet, der nicht ganz klar ausdeutbar ist: Offenbar hat das Unendliche Angst davor, beschädigt zu werden, wenn ein Individuum tiefer in seine Geheimnisse eindringt – ein plausibler Grund dafür wird nicht gegeben. Möglicherweise geht es auch ausschließlich um das **personifizierte Bild des Unendlichen,** das sich sein Geheimnis nicht entreißen lassen möchte und dessen Widerstand deswegen mit „Notwehr" tituliert wird, weil ihm die Rechtmäßigkeit, sich zur Wehr zu setzen, damit zugestanden wird.

Das Sonett drückt eine tiefe **Sehnsucht nach der Erkenntnis des Lebenssinns** aus. Es endet aber wenig optimistisch mit dem Ausdruck resignierenden Scheiterns: Es ist dem Menschen nicht gegeben, das Weltgesetz bzw. seinen eigenen Lebenssinn vollständig zu entdecken. Die Antwort auf diese existenzielle Grundfrage fällt somit anders aus als im Sturm und Drang, in der Klassik oder der Romantik:

▶ Es steht dem Menschen nicht zu aufzubegehren (wie im Sturm und Drang),
▶ das tatkräftige Streben des Menschen wird nicht als Weg hin zur Erkenntnis empfohlen (wie in der Klassik),
▶ die Verschmelzung des Individuums mit der Natur und allem Seienden wird nicht gefeiert (wie in der Romantik).

Angesichts der realistischen Erkenntnis, dass das Individuum nicht über ausreichend Erkenntniskraft verfügt, um bis zu den letzten Gründen vorzudringen, bleibt am Ende nur die Aufgabe der Suche.

Stichworte:

- Sonett (fünfhebiger Jambus, umarmender Reim, Schweifreim)
- Symbol des Fadens als Anspielung auf antike Schicksalsgöttinnen (Moiren, Parzen)
- Wunsch, die wahren Lebensgesetze zu erfahren
- personifiziertes Bild des Unendlichen („Notwehr")
- Sehnsucht nach Erkenntnis des Lebenssinns und Einsicht in die menschlichen Erkenntnisgrenzen

3.4 Beispiel: *Sommerbild* (entst. 1844)

Ich sah des Sommers letzte Rose stehn,
  Sie war, als ob sie bluten könne, rot;
Da sprach ich schauernd im Vorübergehn:
  So weit im Leben, ist zu nah am Tod!

3. Friedrich Hebbel (1813–1863)

5 Es regte sich kein Hauch am heißen Tag,
    Nur leise strich ein weißer Schmetterling;
  Doch, ob auch kaum die Luft sein Flügelschlag
    Bewegte, sie empfand es und verging.

Motivisch mit *An den Tod* verwandt, geht es auch in *Sommerbild* um **Vergänglichkeit** und **Todeserfahrung.** Ein fünfhebiger Jambus als durchgehendes Metrum kennzeichnet das Gedicht und unterstreicht die Vergänglichkeit, das Fortschreiten des Lebens aufs Ende zu.

Das lyrische Ich beschreibt eine Rose, die als „des Sommers letzte" (V. 1) tituliert wird. Dadurch wird das Geschehen bereits als ein Übergangserlebnis bewertet: Der Sommer ist zu Ende, die nächste Jahreszeit kündigt sich an. Im zweiten Vers wird die Rose mit dem Vergleich „als ob sie bluten könne" (V. 2) mit einem Lebewesen in Verbindung gebracht. Ihre rote Farbe wird mit Blut verglichen, dadurch werden **Bedrohung und Gefahr** assoziiert. Die Reaktion des vorbeigehenden lyrischen Ichs ist ein Schauern (vgl. V. 3), d. h. ein Gefühl von Angst und Betroffenheit: Das Leben der Rose ist schon so weit fortgeschritten, dass der Tod nahe ist. Die **Betroffenheit** rührt aus der Erkenntnis, dass der Tod als ständige Drohung das Leben begleitet; je reifer das Leben wird, desto näher kommt der Tod.

In der zweiten Strophe gesellt sich zu dem visuellen Eindruck des Sommers aus V. 1 noch ein haptischer – der Eindruck völliger Windstille und Hitze – und ergänzt damit das **synästhetische Erlebnis.** Doch der Eindruck, dass die Zeit stehen geblieben ist, trügt: Das lyrische Ich macht einen Schmetterling aus, der mit seinem Flügelschlag wieder Bewegung in das mit Worten gemalte Stillleben bringt. Diese sanfte Bewegung reicht aus, um den Rest der Lebenszeit, der der Rose zusteht, aufzubrauchen.

Symbol „Rose"

Das Symbol „Rose" signalisiert traditionell Gefahr, Kampf und Tod, in der Bibel wird es als Hinweis auf den Opfertod Christi verstanden. Auch die rote Stempelfarbe auf mittelalterlichen Todesurteilen war ein

3. Friedrich Hebbel (1813–1863)

deutlicher Hinweis auf die (tödliche) Bedeutung der Farbe.[25] Als **literarisches Symbol** bezieht sich die Rose gleichermaßen auf Liebe und auf Tod („Rosengarten" umgangssprachlich für „Friedhof"). Die Gottesmutter Maria wird mit Rosen in Verbindung gebracht: Bei Dante thront sie im Kelch einer Rose; ein beliebtes **ikonographisches Motiv** ist die Madonna im Rosenhag. Schönheit und Tod im Assoziationsraum des Eros vereint die Rose in Goethes *Heideröslein*; in derselben Bedeutung findet man sie auch in der epischen Minne-Allegorie des mittelalterlichen *Roman de la Rose*.

Im vorliegenden Text ist die Rose das zentrale Symbol. Sie wird **personifiziert** (vgl. V. 2), es wird ihr Empfindungskraft zugesprochen (vgl. V. 8). Sie steht für ein Leben, das sich seinem Ende nähert. Dieses Ende kann – wenn man den Schmetterling als Symbol für Zartheit und Unscheinbarkeit nimmt –, nicht nur durch spektakuläre Ereignisse herbeigeführt werden. Zuweilen können es auch ganz unbedeutende, kleine Ereignisse sein, die einem gelebten Leben den letzten Stoß versetzen.

Stichworte:

- Vergänglichkeit und Todeserfahrung als Themen
- fünfhebiger Jambus steht für das unerbittliche Fortschreiten des Lebens
- rote Farbe und (personifizierte) Rose als Symbole
- synästhetisches Erlebnis
- Gefühl von Angst und Betroffenheit
- Tod als ständiger Begleiter des Lebens

Der Symbolgehalt der Rose wird von Hebbel noch in anderen Gedichten gestaltet, beispielsweise in *Die Rosen im Süden* sowie *Die Rosen*. Die Blume steht in diesen Texten stets für die Verbindung

---
25 Vgl. Lurker, S. 643.

3. Friedrich Hebbel (1813–1863)

von lebendiger Schönheit und raschem Tod, vor dem sie nicht zu bewahren ist. Damit wird die Rose auch zu einem Symbol für das begrenzte menschliche Leben.

Die Rosen im Süden (entst. 1844)

> Aus den Knospen, die euch deckten,
> Süße Rosen, mein Entzücken,
> Lockte euch der heiße Süd;
>
> Doch die Gluten, die euch weckten,
> 5 Drohen jetzt, euch zu ersticken,
> Ach, ihr seid schon halb verglüht!
>
> Und dem Freunde, dem erschreckten,
> Däucht, er muss euch eilig pflücken,
> Dass ihr nicht zu schnell verblüht!

Die Rosen (1844)

> Als du frühmorgens gingst
> Und an der Sonne hingst,
> Pflücktest du dir,
> Die, von ihr angeglüht,
> 5 Still vor ihr aufgeblüht,
> Und nun den Duft versprüht,
> Rosen zur Zier.
>
> Hältst sie noch abends fest?
> Schmeichelte dir der West
> 10 Längst sie nicht ab?
> Siehst ja, ihr Leben schwand!
> Wo ist der Farbenbrand?

3. Friedrich Hebbel (1813–1863)

Doch nur in deiner Hand
  Sind sie im Grab.

15 Gieb sie den Winden preis,
  Dass sie mit ihnen leis
    Düngen den Strauch.
  Fühlt's nicht sogleich der Zweig,
  Fühlt's doch die Wurzel gleich,
20 Und ist nur diese reich,
    Wird der es auch!

4. Theodor Storm (1817–1888)

4.1 Kurzbiografie

> Theodor Storm gehört zu den bedeutendsten Vertretern des poetischen Realismus. Berühmt wurde er vor allem durch seine Novellen (z. B. *Der Schimmelreiter*). Storms Werke hatten auf Autoren wie Rainer Maria Rilke oder Thomas Mann großen Einfluss und gehören bis heute zum Schulkanon. Seine Vorbilder waren die Dichter der Spätromantik wie Eichendorff oder Heine. In Storms Prosa und Lyrik spiegelt sich seine Liebe zu seiner norddeutschen Heimat wieder. Seine im Schatten seiner Novellen stehende Lyrik ist sprachlich schlicht und zugleich ausdrucksvoll und formvollendet.

Theodor Storm wurde am 14. September 1817 in Husum an der Nordsee geboren. Nach dem Studium der Rechtswissenschaft in Kiel und Berlin ließ er sich 1842 in Husum als **Rechtsanwalt** nieder und gründete eine Familie. Nachdem er aufgrund politischer Schwierigkeiten (Widerstand gegen Dänemark, das zu dieser Zeit über Storms Heimat Schleswig-Holstein herrschte) seine Zulassung als Anwalt verloren hatte, ging Storm 1852 nach Berlin. Dort stand er in Kontakt mit Joseph von Eichendorff und gehörte zum Dichterkreis „Tunnel über der Spree" (1827–1897), dem auch Theodor Fontane und Paul Heyse angehörten. 1864 kehrte Storm als Landvogt nach Husum zurück, das inzwischen zu Preußen gehörte. Er starb am 4. Juli 1888 in Hademarschen.

Werk:
Storm schrieb bereits während seiner Schulzeit erste Gedichte, seine Vorbilder waren die Dichter der Spätromantik wie Eichendorff,

4. Theodor Storm (1817–1888)

Mörike oder Heine. Seine frühen Gedichte erschienen unter dem Titel *Liederbuch dreier Freunde* (1843), in ihnen verarbeitete er die Enttäuschung über die Abweisung durch Berta von Buchau. Bekannt wurde Storm vor allem durch seine realistischen Prosa-Texte mit ihrer **typischen norddeutschen Atmosphäre.** So werden besonders in den späten Novellen (für Storm war die Novelle die „Schwester des Dramas") die **inhumanen Lebensverhältnisse im Industriezeitalter** geschildert. Seine bekanntesten Werke sind die Stimmungsnovelle *Immensee* (1850), *Hans und Heinz Kirch* (1882) und die mehrfach verfilmte Schauernovelle *Der Schimmelreiter* (1888), die allesamt zum Kanon der Schullektüren gehören.

4.2 Beispiel: *Abseits* (1848)

Es ist so still; die Heide liegt
Im warmen Mittagssonnenstrahle,
Ein rosenroter Schimmer fliegt
Um ihre alten Gräbermale;
5 Die Kräuter blühn; der Heideduft
Steigt in die blaue Sommerluft.

Laufkäfer hasten durchs Gesträuch
In ihren goldnen Panzerröckchen.
Die Bienen hängen Zweig um Zweig
10 Sich an der Edelheide Glöckchen,
Die Vögel schwirren aus dem Kraut –
Die Luft ist voller Lerchenlaut.

Ein halbverfallen, niedrig Haus
Steht einsam hier und sonnbeschienen,
15 Der Kätner[26] lehnt zur Tür hinaus,
Behaglich blinzelnd nach den Bienen;
Sein Junge auf dem Stein davor
Schnitzt Pfeifen sich aus Kälberrohr.

---

26 Kätner: Kleinbauer.

4. Theodor Storm (1817–1888)

> Kaum zittert durch die Mittagsruh
> 20 Ein Schlag der Dorfuhr, der entfernten;
> Dem Alten fällt die Wimper zu,
> Er träumt von seinen Honigernten.
> - Kein Klang der aufgeregten Zeit
> Drang noch in diese Einsamkeit.

Das Gedicht *Abseits* ist 1848 entstanden, dem Jahr der bürgerlichen Revolution in Deutschland. Storm beschreibt darin ein ländliches Idyll, das von den politischen und gesellschaftlichen Auseinandersetzungen der damaligen Zeit unberührt zu sein scheint.

In der **ersten Strophe** wird eine von der Mittagssonne erwärmte stille Heidelandschaft beschrieben. Blühende Kräuter und der spezifische Heidegeruch sind wahrnehmbar. Die **zweite Strophe** beschreibt die Tiere, die die Heide bevölkern: krabbelnde Käfer, Bienen und singende Vögel. In der **dritten Strophe** konzentriert sich der Blick auf einen Kleinbauern, der sich zur Tür hinauslehnt und nach den Bienen schaut, während sein Sohn Pfeifen schnitzt.

Die **vierte Strophe** beschreibt den alten Mann, dem die Augen zufallen und der von der Ernte des Honigs träumt, während ihn weder das Schlagen der Dorfuhr noch andere Ereignisse, die nicht konkret benannt werden, stören.

> im Einklang mit der Natur

Als Aussage ließe sich formulieren, dass der Mensch die Fähigkeit hat, im Einklang mit der Natur zu leben. In der Abgeschiedenheit kann er diese Harmonie verwirklichen.

Die verwendeten **sprachlichen und formalen Mittel** unterstützen die Aussage:

▶ 4 sechszeilige Strophen, vierhebiger Jambus, Reimschema ababcc (Kreuzreim, Paarreim), abwechselnd männliche und weibliche Kadenzen: Regelmäßigkeit im Aufbau spiegelt die beschriebene Harmonie und die Ruhe wider;

4. Theodor Storm (1817–1888)

- Gedankenstrich (V. 23) als Hinweis auf einen neuen Gesichtspunkt, der diese beschauliche Ruhe stören könnte;
- **Symbol:** „Dorfuhr" (V. 20), Bild der verrinnenden Zeit, die auch Veränderungen mit sich bringen kann; lautlicher Zusammenhang mit dem „Klang der aufgeregten Zeit" (V. 23);
- Enjambement: vgl. V. 1 f., 3 f., 5 f., Harmonie, Zusammengehörigkeit von Himmel, Luft und Erde;
- Alliterationen: z. B. „Luft/Lerchenlaut" (V. 12), stimmungsvoller Natureindruck;
- ausdrucksstarke Adjektive: z. B. „still" (V. 1), „warmen" (V. 2), „rosenroter" (V. 3), „hasten" (V. 7), „goldnen" (V. 8), Wiedergabe des intensiven Natureindrucks;
- Vergleich: „rosenroter" (V. 3);
- Neologismus: „Lerchenlaut" (V. 12);
- romantisches Vokabular: „Schimmer" (V. 3), „einsam" (V. 14), „träumt" (V. 22), „Einsamkeit" (V. 24).

Auch wenn die Beschreibung des Idylls durchaus romantische Züge trägt, so fehlen doch die religiöse Komponente und die typisch romantische Harmonievorstellung, die Verschmelzung des lyrischen Ichs mit der Natur, in der das Göttliche erfahren wird. Es handelt sich um **eine dem Realismus verpflichtete Beschreibung einer Landschaft,** die *abseits* liegt. Dass das Idyll durch politische Wirren und auch die Auswirkungen der Industrialisierung bedroht sein könnte, verrät das Wort „noch" (V. 24).

Stichworte:

- entstanden im Revolutionsjahr 1848
- unberührtes ländliches Idyll, Leben im Einklang mit Natur
- Aufbau spiegelt Harmonie und Ruhe wider
- Symbol der „Dorfuhr"
- romantische Züge, aber ohne Erfahrung des Göttlichen in der Natur
- Bedrohung des Idylls durch Politik und Industrialisierung

4. Theodor Storm (1817–1888)

4.3 Beispiel: *Meeresstrand* (1854)

> Ans Haff nun fliegt die Möwe,
> Und Dämmerung bricht herein;
> Über die feuchten Watten
> Spiegelt der Abendschein
>
> 5 Graues Geflügel huschet
> Neben dem Wasser her;
> Wie Träume liegen die Inseln
> Im Nebel auf dem Meer.
>
> Ich höre des gärenden Schlammes
> 10 Geheimnisvollen Ton,
> Einsames Vogelrufen –
> So war es immer schon.
>
> Noch einmal schauert leise
> Und schweiget dann der Wind;
> 15 Vernehmlich werden die Stimmen,
> Die über der Tiefe sind.

Storms Text benutzt eine Reihe von Ausdrücken, die mit dem Meer zu tun haben und im Norden Deutschlands beheimatet sind. Auch der situative Kontext ist in einer Küstenlandschaft angesiedelt: In der **ersten Strophe** beschreibt das lyrische Ich eine **Abendstimmung** am Meer. Eine Möwe fliegt über das Haff, einen mit niedrigem Wasser bedeckten Teil des Strandes, der durch Inseln vom tieferen Meerwasser getrennt ist. Der Teil des Strandes, der bei Flut von Wasser bedeckt ist, das Watt, ist immer noch feucht, sodass sich die Abendsonne im Watt spiegeln kann.

Auch in der **zweiten Strophe** beobachtet das lyrische Ich, was am Strand passiert: Es fällt ihm auf, dass nicht näher spezifiziertes „graues Geflügel" (V. 5) neben dem Wasser läuft. Im zweiten Teil der

4. Theodor Storm (1817–1888)

Strophe erfährt der realistische Eindruck eine **poetische Stilisierung,** die an die Romantik erinnert: Die dem Haff vorgelagerten Inseln erscheinen verschwommen im Nebel. Klare Konturen sind nicht erkennbar. Das lyrische Ich vergleicht die Inseln mit Träumen (vgl. V. 7) und benutzt damit einen zentralen Begriff romantischer Poesie.

In der **dritten Strophe** wird der visuelle Eindruck **synästhetisch** durch den akustischen ergänzt: Das sich zurückziehende Wasser erzeugt Geräusche im Schlamm. Auch sie werden mit dem unbestimmt-mythischen Attribut „geheimnisvoll" (V. 10) poetisiert. Der klangliche Eindruck der Abenddämmerung wird durch das Rufen eines Vogels weiter ausgestaltet. Der Vers: „So war es immer schon" (V. 12) deutet darauf hin, dass die Einzelwahrnehmung in einen größeren Zusammenhang gestellt werden soll. Das, was am Meeresstrand wahrgenommen wird, ist Ausdruck einer ewigen Gesetzmäßigkeit. Storm erfüllt hier aufs Genaueste die Poetologie des Realismus, indem er das „Wahre" in der Einzelbeobachtung entdeckt.

> das „Wahre" im Einzelnen

In der **letzten Strophe** kehrt völlige Ruhe ein, nachdem der Wind sich beruhigt hat. Das Fehlen der Naturgeräusche lässt Stimmen hörbar werden, die aber nur sehr unkonkret „über der Tiefe sind" (V. 16). Das lyrische Ich teilt auch nicht mit, was diese Stimmen sagen. Wie die Inseln, die im Nebel liegen (vgl. V. 7), wie der geheimnisvolle Ton in V. 10, so sind auch diese Stimmen Hinweise auf etwas Mystisch-Geheimnisvolles, das nicht weiter ausgedeutet wird.

Storm verwendet mit der **Volksliedstrophe** eine beliebte Strophenform romantischer Poesie. Obgleich sowohl das Vokabular als auch die Metaphorik an die Romantik erinnern, werden diese Elemente nur oberflächlich benutzt. Im Zentrum steht die **detaillierte Einzelbeobachtung,** eine Deutung, etwa der ‚vernehmlichen Stimmen' (vgl. V. 15), unterbleibt. Anders als in der romantischen Lyrik wird auf eine metaphysische Komponente verzichtet. Auch eine Poetisierung der Natur findet nur in sehr begrenztem Maße statt und konzentriert sich auf einige **stereotype Versatzstücke aus der Romantik** wie den Traum-Vergleich (vgl. V. 7). Das Gedicht endet völlig offen im Wahrnehmen unausdeutbarer Stimmen. Anders als in der Lyrik der Romantik findet das lyrische Ich bei Storm sich in der Natur nicht mehr geborgen, sondern steht ihr als einsam Wahrnehmender gegenüber (vgl. V. 11). An diesem Punkt weist das Ende des Textes schon auf die Lyrik der Moderne hin.

> **Stichworte:**
>
> - das „Wahre" in der Einzelbeobachtung
> - Volksliedstrophe
> - romantische Versatzstücke
> - Verzicht auf metaphysische Komponente
> - Einsamkeit statt Geborgenheit in der Natur

4.4 Beispiel: *Geh nicht hinein* (1879)

Im Flügel oben hinterm Korridor,
Wo es so jählings einsam worden ist
– Nicht in dem ersten Zimmer, wo man sonst
Ihn finden mochte, in die blasse Hand
5 Das junge Haupt gestützt, die Augen träumend
Entlang den Wänden streifend, wo im Laub
Von Tropenpflanzen ausgebälgt Getier
Die Flügel spreizte und die Tatzen reckte,
Halb Wunder noch, halb Wissensrätsel ihm
10 – Nicht dort; der Stuhl ist leer, die Pflanzen lassen
Verdürstend ihre schönen Blätter hängen;
Staub sinkt herab; – nein, nebenan die Tür,
In jenem hohen dämmrigen Gemach

4. Theodor Storm (1817–1888)

– Beklommne Schwüle ist drin eingeschlossen –,
15 Dort hinterm Wandschirm auf dem Bette liegt
Etwas – geht nicht hinein! Es schaut dich fremd
Und furchtbar an.
                Vor wenig Stunden noch
Auf jenen Kissen lag sein blondes Haupt;
20 Zwar bleich von Qualen, denn des Lebens Fäden
Zerrissen jäh; doch seine Augen sprachen
Noch zärtlich, und mitunter lächelt' er,
Als säh er noch in goldne Erdenferne.
Da plötzlich losch es aus; er wusst es plötzlich
25 – Und ein Entsetzen schrie aus seiner Brust,
Dass ratlos Mitleid, die am Lager saßen,
In Stein verwandelte –, er lag am Abgrund;
Bodenlos, ganz ohne Boden. – „Hilf!
Ach Vater, lieber Vater!" Taumelnd schlug
30 Er um sich mit den Armen; ziellos griffen
In leere Luft die Hände; noch ein Schrei –
Und dann verschwand er.
                Dort, wo er gelegen,
Dort hinterm Wandschirm, stumm und einsam liegt
35 Jetzt etwas; – bleib, geh nicht hinein! Es schaut
Dich fremd und furchtbar an; für viele Tage
Kannst du nicht leben, wenn du es erblickst.
„Und weiter – du, der du ihn liebtest –, hast
Nichts weiter du zu sagen?"
40   Weiter nichts.

Der vorliegende Text zählt zur **Alterslyrik** Storms. Thematisch behandelt er den Tod eines offenbar noch jungen Menschen; insbesondere beschreibt er mit großer Intensität Atmosphäre und **Umgebung des Todesereignisses.**

Streng genommen besteht der erste Teil des Gedichtes aus einem einzigen Satz, in den zahlreiche **Parenthesen** eingelassen sind. Das

4. Theodor Storm (1817–1888)

lyrische Ich benutzt die genaue Ortsbezeichnung in V. 1, um auf die Plötzlichkeit des noch zu benennenden Ereignisses hinzudeuten. An diesem Ort ist es „jählings einsam" (V. 2) geworden, d. h., dass die Lebendigkeit vom einen auf den anderen Moment verschwunden ist. Auch die Blickrichtung nach oben deutet auf das Ereignis hin, bevor es konkret genannt wird.

Der detailgetreue Blick zieht dann an einzelnen Zimmern vorbei, in denen Lebensstationen der in V. 4 erstmals mit „ihn" bezeichneten Person lokalisiert werden. Das erste Zimmer ist möglicherweise ein Kinderzimmer gewesen:. Die Person, die sich „sonst" (V. 3) vorsichtig an der Wand entlang bewegt und Tropenpflanzen und ausgestopfte Tiere bewundert hat (vgl. V. 9), wird als „jung" (V. 5) bezeichnet. Die Pflanzen sind nun vertrocknet, Staub liegt auf den Gegenständen, das Zimmer wird also nicht mehr bewohnt: „der Stuhl ist leer" (V. 10).

Der Blick wird auf ein benachbartes Zimmer gelenkt, wo ein fremdes „Etwas" (V. 16) im Bett liegt, dessen Anblick Angst erregend ist. Die Stimmung in diesem Raum wirkt beklemmend (vgl. V. 14). Die **Alliteration** „fremd / und furchtbar" (V. 16 f.) unterstreicht die bedrohlich wirkende Fremdheit, die von der als „Etwas" titulierten Gestalt ausgeht.

Im zweiten Teil des Gedichtes wird die Gestalt genauer beschrieben: Es handelt sich um einen kranken Jungen (vgl. V. 15 f. mit dem metaphorischen und an die griechische Mythologie verweisenden Ausdruck „Lebens Fäden"[27]), dessen Leben abrupt zu Ende gegangen ist und der im plötzlichen Bewusstsein dieses Endes (vgl. V. 19) zuletzt entsetzt und vergeblich um Hilfe gerufen hat (vgl. V. 24 f.).

Die Schilderung des Kranken offenbart einen zweigeteilten Zustand: Zunächst werden **positive Ausdrücke** wie „zärtlich", „lächelt" (V. 22) sowie „goldne" (V. 23) zur Beschreibung seiner Mimik verwendet. Der Bruch wird in V. 24 durch „plötzlich" eingeleitet. Metaphorisch erfolgt der Sturz in die Tiefe des Todes: „er lag am Abgrund / Bodenlos, ganz ohne Boden" (V. 27 f.). Die

---
27 Vgl. Kap. 3.3 dieser Erläuterung.

4. Theodor Storm (1817–1888)

Wortwiederholung unterstreicht die unbegrenzte Tiefe. Entsetzen und Panik beherrschen den Sterbenden, **metaphorisch** unterstützt durch die Personifizierung des Entsetzens (vgl. V. 25). Seine Hände finden keinen Halt mehr, er stürzt „in leere Luft" (V. 31). Der lakonische Ausdruck: „Und dann verschwand er." (V. 32) bezieht sich auf die Seele des Sterbenden. Der zurückbleibende Körper wurde bereits in V. 16 mit dem undefinierten „Etwas" umschrieben. Die Betroffenheit der Anwesenden angesichts dieses Geschehens äußert sich in völliger **Sprachlosigkeit** (vgl. V. 37 f.).

Dass der Körper als „Etwas" (V. 35) zurückbleibt, betont auch der dritte, kürzeste Teil des Gedichtes. Das lyrische Ich wendet sich an den Zuhörer und appelliert wie schon im Titel an ihn, das Sterbezimmer nicht zu betreten und den Toten nicht anzusehen. Die Folge dieses Anblicks wäre, prophezeit das lyrische Ich, eine tiefe Verstörung, die lange anhält (vgl. V. 36 f.). Im letzten Vers wendet sich das lyrische Ich an sich selbst und fragt sich, ob es nicht noch mehr über den Toten sagen könne. Der Text beantwortet diese Frage lapidar in V. 40 mit „Weiter nichts." Das Gedicht endet mit einer Synkope, eine sinngebende Antwort auf das beschriebene Erlebnis bleibt aus.

> „Weiter nichts"

Das Gedicht verzichtet völlig auf eine metaphysische Sinngebung des Todes: Der kranke Junge verliert durch den Tod sein Wesen, er bleibt als undefinierbares „Etwas", als eine Ding, als leere Hülle zurück. Auf die Tradition des Erlebnisgedichtes zurückgreifend, öffnet der Text dieser Form ein neues Themengebiet und gestaltet in der detailgetreuen und minutiösen Schilderung der Todessituation die **Diesseitsbejahung** des Dichters.

In formaler Hinsicht kennzeichnet den Text der Verzicht auf ein durchgehendes Metrum. Das Gedicht ist reimlos, Zeilensprünge betonen bestimmte Ausdrücke und Begriffe. Zahlreiche Parenthesen und Gedankenstriche hindern den Lesefluss und vermitteln so einen unruhigen Eindruck: Der Leser muss bei der Lektüre immer wieder innehalten. Biographischer **Anknüpfungspunkt** ist der Tod

4. Theodor Storm (1817–1888)

von Storms Ehefrau im Jahre 1865; seither setzte sich der Dichter intensiv mit dem Tod auseinander.

Stichworte:

- Beispiel für Storms Alterslyrik
- intensive Beschreibung der Atmosphäre und Umgebung des Todesereignisses
- detailgetreuer Blick
- Verzicht auf metaphysische Deutung des Todes bzw. einer sinngebenden Antwort
- der Tote wird zum „Etwas", zum Ding
- Diesseitsbejahung des Dichters
- Verzicht auf durchgehendes Metrum, Zeilensprünge, Parenthesen: unruhiger Lektüreeindruck

5. Gottfried Keller (1819–1890)

5.1 Kurzbiografie

> Der Schweizer Gottfried Keller gilt als einer der bedeutendsten deutschsprachigen Erzähler des 19. Jahrhunderts. Auch wenn seine Romane (*Der grüne Heinrich*) und Novellen (*Kleider machen Leute, Romeo und Julia auf dem Dorfe*) bisweilen fantastische oder groteske Elemente enthalten, ist sein Werk doch dem Realismus zuzurechnen. Charakteristisch für seine Texte sind auch ironische und satirische Züge. Seine Lyrik steht zu Unrecht im Schatten seines erzählerischen Werks.

Gottfried Keller wurde am 19. Juli 1819 als Sohn eines Drechslermeisters in Zürich geboren. Nach dem frühen Tod des Vaters und einem Schulverweis 1834 bildete Keller sich autodidaktisch weiter und versuchte, die berufliche Laufbahn eines **Landschaftsmalers** einzuschlagen. 1840 ging er nach München, um sich in der dortigen Künstlerszene weiterzubilden. Der Misserfolg ließ seine finanzielle Notlage aber bald so groß werden, dass er 1842 nach Zürich zurückkehrte, wo er sich – beginnend mit lyrischen Texten – zunehmend dem Schreiben widmete. 1846 erschien ein erster Band mit überwiegend politischen Gedichten, die in der Tradition Georg Herweghs (1817–1875) und Ferdinand Freiligraths (1810–1876) standen, aber auch bereits mit ersten Natur- und Liebesgedichten. Mit einem Stipendium der Stadt Zürich konnte Keller einen Studien- und Arbeitsaufenthalt in Heidelberg (1848–1849) finanzieren, wo er im Freundeskreis um Ludwig Feuerbach das Scheitern der bürgerlichen Revolution erlebte. Zwischen 1850 und 1855 lebte Keller in Berlin und schrieb dort einen weiteren Gedichtband (*Neuere Gedichte*, 1851) sowie seinen Roman *Der grüne Heinrich* (1854–1855, grund-

ein Schweizer in Berlin

5. Gottfried Keller (1819–1890)

legend überarbeitet 1879–1880) und zahlreiche der *Seldwyla*-Novellen (1856, erweitert 1876). Materielle Schwierigkeiten bedrängten Keller auch in Berlin, sodass er 1855 in die Schweiz zurückkehrte. Nachdem er 1861 das Amt des Staatsschreibers des Kantons Zürich erhalten hatte (bis 1876), war sein Auskommen zuletzt gesichert. 1883 erschienen die *Gesammelten Gedichte*. Keller starb in Zürich am 15. Juli 1890.

Werk:
Keller Bedeutung als **einer der wichtigsten Schriftsteller des Realismus** gründet sich hauptsächlich auf seine Prosa: Der Roman *Der grüne Heinrich* und der zweiteilige Novellenzyklus *Die Leute von Seldwyla* (darin z. B. *Kleider machen Leute*, *Romeo und Julia auf dem Dorfe*, *Pankraz der Schmoller*, *Das verlorene Lachen*) gehören zum literarischen Schulkanon. In seinem letzten Werk, dem Roman *Martin Salander* (1886), kam der Autor zu einer sozialkritischen Deutung der industrialisierten Gegenwart. Charakteristisch für seine Texte sind auch ironische und satirische Züge. Seine Lyrik steht zu Unrecht im Schatten seines erzählerischen Werks.

5.2 Beispiel: *Winternacht* (1851)

Nicht ein Flügelschlag ging durch die Welt,
Still und blendend lag der weiße Schnee.
Nicht ein Wölklein hing am Sternenzelt,
Keine Welle schlug im starren See.

5 Aus der Tiefe stieg der Seebaum auf,
Bis sein Wipfel in dem Eis gefror;
An den Ästen klomm die Nix herauf,
Schaute durch das grüne Eis empor.

Auf dem dünnen Glase stand ich da,
10 Das die schwarze Tiefe von mir schied;

5. Gottfried Keller (1819–1890)

Dicht ich unter meinen Füßen sah
Ihre weiße Schönheit Glied um Glied.

Mit ersticktem Jammer tastet' sie
An der harten Decke her und hin,
15 Ich vergess' das dunkle Antlitz nie,
Immer, immer liegt es mir im Sinn!

Zur Entstehungszeit des Gedichtes lag Kellers erste lyrische Publikation gerade einmal fünf Jahre zurück. Es ist bereits deutlich sein Bemühen erkennbar, das persönliche Erlebnis **mittelbar-distanziert** zu gestalten. Als situativer Rahmen dient ihm die Beschreibung einer Winternacht, die das lyrische Ich an oder auf einem zugefrorenen See verbringt.

Inhalt
Das lyrische Ich beschreibt in Strophe 1 in einer **Aufwärtsbewegung** zunächst die Ruhe einer nächtlichen Winterlandschaft, die – der Blick geht nach unten – ganz vom Schnee bedeckt ist. Eine erneute Aufwärtsbewegung lässt erkennen, dass der wolkenlose Himmel übersät mit Sternen ist. Den Blick erneut nach unten gerichtet, erkennt das lyrische Ich, dass auch der See völlig ruhig daliegt – er ist zugefroren.

Die zweite Strophe setzt voraus, dass das lyrische Ich sich auf dem See befindet und den Blick weiter nach unten richtet. Es erkennt unter dem Eis einen Baum, der bis in die Eisdecke hineinreicht und dort festgefroren ist. An diesem Baum klettert eine Wassernixe empor und schaut den Betrachter durch das grüne Eis hindurch an.

Die dritte Strophe betont mit dem Aufwand von zwei Versen, dass das lyrische Ich nur durch ein sehr dünnes Eis von der Seetiefe getrennt ist, die als „schwarz", also als unheimlich und unausdeutbar, beschrieben

Nixe unterm Eis

wird. Da das Eis so dünn ist, kann das lyrische Ich den schönen weißen Körper der Nixe sehr genau sehen.

5. Gottfried Keller (1819–1890)

Die vierte Strophe enthüllt ein tragisches Ereignis: Offenbar sucht die Nixe am Eis nach einem Durchlass, der ihr einen Weg an die Oberfläche gestattet. Allerdings ist die Eisdecke so hart, dass sie keinen findet. In den letzten beiden Versen versichert das lyrische Ich, dass es das dunkle Gesicht der Nixe niemals werde vergessen können.

Formale Betrachtungen/poetische Gestaltungsmittel
Das Gedicht thematisiert offenbar **zwei** verschiedene, voneinander getrennte und sich gegenüberstehende **Lebensbereiche.** Dies wird durch die Blickbewegungen des lyrischen Ichs bereits in der ersten Strophe verdeutlicht. Im oberen Blickbereich befindet sich die ruhige, leblose Winterlandschaft; unterhalb des lyrischen Ichs, unter der Eisdecke, befindet sich die belebte Seetiefe. Die obere Sphäre erscheint als geordneter, **realer Lebensraum.** Durch die **Farbe Weiß** und die beschriebene Leblosigkeit – selbst der See ist „(toten)starr" (V. 4) – wird dieser Raum aber mit dem **Tod** konnotiert.
Ganz anders verhält es sich mit dem Raum unterhalb des Eises: Die **Farbe Grün** deutet auf **Lebendigkeit** hin. Ein Lebewesen – wenn auch eines aus einer magisch-mythischen Welt – macht auf sich aufmerksam. Mit der weiblichen Nixe ist möglicherweise auch eine erotische Konnotation verbunden: Die Bemerkung, dass das lyrische Ich die Schönheit der Nixe „Glied um Glied" (V. 12) betrachtet, könnte auf die Verbindung von Eros und Leben hinweisen. Dieser Beobachtung wird besondere Aufmerksamkeit durch die Mittel der **Inversion** („Dicht ich unter meinen Füssen sah", V. 11) und des **Zeilensprungs** (von V. 11 auf V. 12) zuteil, der die Dynamik des Anschauens umsetzt.
Was erblickt das lyrische Ich? Das Eis kann auch als eine Fläche betrachtet werden, auf der das lyrische Ich sich selbst spiegelt. Das, was es erblickt, ist ihm aber fremd. Man könnte vermuten, dass es ihm **unbekannte Elemente seiner eigenen Persönlichkeit** sind, die mit der **magisch-mythischen Metapher** der Nixe Gestalt gewinnen. Offenbar schaffen es diese in V. 15 als „dunkle" bezeich-

5. Gottfried Keller (1819–1890)

neten Tiefenschichten nicht, in die reale Welt durchzustoßen. Dennoch erinnert sich das lyrische Ich stets daran.

> dunkle Tiefenschichten

Auf lautlicher Ebene fällt auf, dass Keller einen etwas schwerfälligen fünfhebigen Trochäus benutzt, der immer wieder mit der Sinnbetonung kollidiert (vgl. z. B. V. 1, 5). Dadurch kommt ein **stockender Rhythmus** zustande. Vielleicht handelt es sich um eine lautliche Umsetzung des Inhaltes des letzten Verses: Immer wenn das lyrische Ich auf die Tiefenschichten seiner Persönlichkeit zurückgeworfen wird, verlässt es die ruhigen, geordneten Bahnen der realen Umwelt und gerät zunächst einmal ins Stocken und ins Nachdenken.

Was ist „realistisch" an diesem Text? Die Begegnung mit eigenen verborgenen Persönlichkeitsschichten wird nicht mittels eines subjektiv-emotionalen Ausdrucks im Sinne der Erlebnislyrik dargestellt. Der Ton des Gedichtes ist vielmehr distanziert, erst in der letzten Strophe wird der Ton persönlicher und emotionaler. Das Gedicht endet **resignativ:** Das lyrische Ich hat zwar eine **Ahnung von den Tiefenschichten** erhalten, aber diese bleiben dauerhaft verborgen und können nicht in die reale Welt durchbrechen.

Stichworte:

- Trennung zweier Lebensbereiche: ruhige, leblose Winterlandschaft und belebte Seetiefe
- Farbsymbolik: Weiß steht für Tod, Grün für Leben
- unbekannte Elemente der eigenen Persönlichkeit, dunkle Tiefenschichten
- schwerfälliger fünfhebiger Trochäus
- distanzierter Ton
- resignatives Ende

5. Gottfried Keller (1819–1890)

5.3 Beispiel: *Die Zeit geht nicht* (1851)

Die Zeit geht nicht, sie stehet still,
Wir ziehen durch sie hin;
Sie ist ein Karawanserei,
Wir sind die Pilger drin.

5 Ein Etwas, form- und farbenlos,
Das nur Gestalt gewinnt,
Wo ihr drin auf und nieder taucht,
Bis wieder ihr zerrinnt.

Es blitzt ein Tropfen Morgentau
10 Im Strahl des Sonnenlichts;
Ein Tag kann eine Perle sein
Und ein Jahrhundert nichts.

Es ist ein weißes Pergament
Die Zeit, und jeder schreibt
15 Mit seinem roten Blut darauf,
Bis ihn der Strom vertreibt.

An dich, du wunderbare Welt,
Du Schönheit ohne End',
Auch ich schreib' meinen Liebesbrief
20 Auf dieses Pergament.

Froh bin ich, dass ich aufgeblüht
In deinem runden Kranz;
Zum Dank trüb' ich die Quelle nicht
Und lobe deinen Glanz.

Die Zeit geht nicht zählt zur **Gedankenlyrik** Gottfried Kellers. Das Thema des Gedichts ist bereits im Titel genannt: Es geht um die

5. Gottfried Keller (1819–1890)

Zeit und darum, in welchem Verhältnis das Individuum zu ihr steht. Formal ist der Text sehr regelmäßig mit abwechselnd **vier- und dreihebigen Jamben** aufgebaut. Auf der lautlichen Ebene dominieren **Kreuzreime,** wobei jeweils der erste und dritte Vers jeder Strophe *reimlos* bleiben. Das Metrum lässt einen gleichmäßigen Vortrag zu. Die Stauung durch den jeweils um eine Silbe verkürzten zweiten Vers jeder Versgruppe wirkt wie eine besonders betonte Feststellung.

Inhalt
- Strophe 1 führt aus, dass die Zeit sich nicht bewegt, sondern dass es die Menschen sind, die sich durch die Zeit hindurch bewegen. Die Zeit wird mit einer Karawanserei verglichen: Das ist die persische Bezeichnung für eine Raststätte an einer Handelsstraße, in der Reisende samt ihren Tieren eine Herberge fanden und Handel treiben konnten. Somit wird das menschliche Leben mit einer Nomadenexistenz verglichen: Der Mensch hat keinen festen Wohnort, sondern muss stets von Herberge zu Herberge umherziehen.
- Strophe 2 versucht, die Zeit zu definieren, kommt aber zu dem Ergebnis, dass ihre Form- und Farblosigkeit erst Gestalt annehme, wenn Menschen sie mit ihrem Leben prägen.
- Strophe 3 beschreibt, dass die Bedeutung eines Moments nicht von dessen Dauer abhängt.
- Strophe 4 führt den Gedanken aus Strophe 2 weiter: Die Zeit an sich ist gestaltlos; erst das menschliche Leben prägt sie, und zwar so lange, bis der Mensch stirbt.
- Strophe 5 formuliert die Aussage, dass das lyrische Ich die Welt nicht nur bejaht, sondern sogar ihre Schönheit lobt. Das lyrische Ich diagnostiziert bei sich eine liebende Zuwendung zu der Welt in der Zeit, die ihm zur Verfügung gestellt worden ist.

5. Gottfried Keller (1819–1890)

> liebende Weltzugewandtheit

▶ Strophe 6 schließt den Gedanken der liebenden Weltzugewandtheit ab: Das lyrische Ich wird von Dankbarkeit erfüllt und verspricht der Welt, ihre Schönheit zu loben.

Poetische Gestaltungsmittel

Die poetischen Gestaltungsmittel stehen im Dienste der Intention, die Haltung der liebenden Weltzugewandtheit zu formulieren. Auffällig ist die **Personifizierung** der Zeit (vgl. V. 1) und der **Vergleich** mit einem weißen Pergament (vgl. V. 13), der durch die **Inversion** in V. 13 f. noch unterstrichen wird. **Alliterationen** verbinden Zusammengehörendes, z. B. „form- und farbenlos" (V. 5), „Gestalt gewinnt" (V. 6), „wunderbare Welt" (V. 17). **I-Assonanzen** prägen die erste Strophe und markieren damit den deutlichen Beginn einer Auseinandersetzung mit der Zeit; eine **o-Assonanz** verbindet „rot" (V. 15) mit „Strom" (V. 16) und signalisiert damit den Bezug zum Leben (Blut als Lebenssymbol, der „Strom" des Lebens). Eine metaphysische Perspektive fehlt Kellers Gedicht völlig, es ist ausschließlich auf das Diesseits bezogen, dem es mit liebender Zuwendung begegnet.

Stichworte:

- Gedankenlyrik
- formale Regelmäßigkeit: vier- und dreihebige Jamben, Kreuzreime
- Alliteration als Verbindung von Zusammengehörendem
- Vergleich des Lebens mit einer Pilgerexistenz
- Haltung der liebenden Weltzugewandtheit, Bejahung des Lebens bzw. Diesseits
- metaphysische Perspektive fehlt völlig

5. Gottfried Keller (1819–1890)

5.4 Beispiel: *Land im Herbste* (1879)

Die alte Heimat seh' ich wieder,
Gehüllt in herbstlich feuchten Duft;
Er träufelt von den Bäumen nieder,
Und weithin dämmert grau die Luft.

5 Und grau ragt eine Flur im Grauen,
Drauf geht ein Mann mit weitem Schritt
Und streut, ein Schatten nur zu schauen,
Ein graues Zeug, wohin er tritt.

Ist es der Geist verschollner Ahnen,
10 Der kaum erstrittnes Land besät,
Indes zu Seiten seiner Bahnen
Der Speer in brauner Erde steht?

Der aus vom Kampf noch blut'gen Händen
Die Körner in die Furche wirft,
15 So mit dem Pflug von End' zu Enden
Ein jüngst vertriebnes Volk geschürft?

Nein, den Genossen meines Blutes
Erkenn' ich, da ich ihm genaht,
Der langsam schreitend, schweren Mutes
20 Die Flur bestäubt mit Aschensaat.

Die müde Scholle neu zu stärken,
Lässt er den toten Staub verweh'n;
So seh' ich ihn in seinen Werken
Gedankenvoll und einsam geh'n.

25 Grau ist der Schuh an seinem Fuße,
Grau Hut und Kleid, wie Luft und Land;
Nun reicht er mir die Hand zum Gruße
Und färbt mit Asche mir die Hand.

5. Gottfried Keller (1819–1890)

>   Das alte Lied, wo ich auch bliebe,
> 30 Von Mühsal und Vergänglichkeit!
>   Ein wenig Freiheit, wenig Liebe,
>   Und um das Wie der arme Streit!
>
>   Wohl hör' ich grüne Halme flüstern
>   Und ahne froher Lenze Licht!
> 35 Wohl blinkt ein Sichelglanz im Düstern,
>   Doch binden wir die Garben nicht!
>
>   Wir dürfen selbst das Korn nicht messen,
>   Das wir gesät aus toter Hand;
>   Wir gehn und werden bald vergessen,
> 40 Und unsre Asche fliegt im Land!

Der vorliegende Text gehört zur **Alterslyrik** des Dichters. Die Wahl der Jahreszeit Herbst als Titel und als situativer Kontext sowie die verwendeten Farben und Ausdrücke vermitteln eine eher **traurig wirkende Spätzeitstimmung.** Diese Stimmung unterstützt ein tragender vierhebiger Jambus mit abwechselnd männlichen und weiblichen Kadenzen. Auch der konsequente Kreuzreim gibt der Versanordnung eine streng durchgehaltene gleichmäßige Struktur.

In der **ersten Strophe** kehrt das lyrische Ich in seine Heimat zurück. Es beschreibt eine feucht-graue Herbstatmosphäre. Das Wort „grau", das insgesamt sechsmal im gesamten Gedicht verwendet wird, öffnet einen symbolischen Assoziationsraum von Vergänglichkeit, zu dem sich später das Nomen „Asche" gesellt (vgl. V. 20, 28, 40).

In der **zweiten Strophe** erkennt das lyrische Ich in der grauen Dämmerung eine ebenfalls graue Gestalt, die „ein graues Zeug" (V. 8), das sich später als Asche herausstellt (vgl. 20), auf das Feld streut.

In der **dritten und vierten Strophe** stellt sich das lyrische Ich die Frage, ob die graue Gestalt möglicherweise der Geist eines Vorfah-

5. Gottfried Keller (1819–1890)

ren sein könnte, der ein gerade erobertes Stück Land bearbeitet. Der Umstand, dass sich das lyrische Ich solche Gedanken macht, zeigt, dass die Atmosphäre des herbstlichen Abends einen klaren Blick auf die Realität nicht zulässt, sondern einen **Raum für magisch-mythische Visionen** eröffnet.

In der **fünften Strophe** verneint das lyrische Ich die Frage sehr deutlich: Beim Näherkommen erkennt es, dass es sich um einen Verwandten handelt, der das Feld mit Asche düngt. Der Verwandte wird als trauriger Mensch beschrieben, er versieht seine Arbeit „schweren Mutes" (V. 19). Interessant ist die Wortwahl in V. 20: Der **Neologismus** „Aschensaat" (V. 20) lässt sich fast als **Oxymoron** begreifen, da

„Aschensaat"

Asche etwas Totes, die Saat aber etwas Leben-Schaffendes ist. Auch das Verb „bestäuben" (V. 20) wird normalerweise im Kontext von Fortpflanzung, also von lebensschaffenden Handlungen, verwendet. Mit der toten Asche wird neues Leben ermöglicht – dies ist die Erkenntnis, die daraus zu gewinnen ist und die in **Strophe 6** zum Ausdruck gebracht wird: „Die müde Scholle neu zu stärken / Lässt er den toten Staub verwehn" (V. 21 f.). Das Synonym für „Asche" ist nun „toter Staub", der paradoxerweise die Eigenschaft hat, dem ausgelaugten Land, der „müden Scholle" (V. 21), neue Kraft zu geben. Die Charakterisierung des Bauern wird in Strophe 6 ebenfalls weitergeführt: Zu der offenbaren Traurigkeit aus V. 19 gesellen sich nun Nachdenklichkeit und Einsamkeit (vgl. V. 24).

Strophe 7 führt die Charakterisierung weiter, indem beschrieben wird, dass seine Kleidung genauso grau ist wie die Umgebung, in der er arbeitet. Als der Bauer das lyrische Ich erblickt, begrüßt er es per Handschlag – auch die Hand des lyrische Ichs färbt sich nun grau, das heißt, dass eine unmittelbare **Verbindung zwischen der Tätigkeit des Bauern und dem lyrischen Ich** hergestellt ist. Diese Tätigkeit – und damit die Verbindung – werden in der letzten Strophe symbolisch begriffen und mit der menschlichen **Vergänglichkeit** in Verbindung gebracht. Der Handschlag in Strophe 7 ist der Punkt innerhalb des Gedichtes, an dem das lyrische Ich aus

5. Gottfried Keller (1819–1890)

dem unverbindlichen Anschauen herausgerissen und in eine direkte Verbindung mit dem Geschehen gestellt wird. Das, was symbolisch beschrieben wird, betrifft es selbst.

Die **Strophen 8 und 9** enthalten eine Rückschau: Offenbar unterhalten sich das lyrische Ich und der Bauer miteinander über vergangene Zeiten. Sie nehmen dabei einen abgeklärte Distanz ein: „wenig Freiheit, wenig Liebe" (V. 31), „der arme Streit" (V. 32). Strophe 9 formuliert eine Erinnerung oder besser: ein Erahnen von Frühling und Sommer (Alliteration: „Lenze Licht", V. 34), das positive Assoziationen weckt (zweimal „wohl" in V. 33 u. 35). Der letzte Vers der Strophe macht aber eine klare realistische Aussage: „Doch binden wir die Garben nicht!" (V. 36) könnte darauf hindeuten, dass das Lebensende erwartet wird, sodass die Ernte des kommenden Jahres nicht mehr eingebracht werden kann. Der Ausrufungssatz unterstreicht die **Todeserwartung.**

Die **zehnte Strophe** konzentriert die Aussage in den beiden letzten Versen: Die Todeserwartung wird erneut geäußert. Nach dem Tod würde man dem Vergessen anheim fallen und nur noch als Asche herumfliegen (vgl. V. 39 f.). Diese Aussicht hört sich zunächst resignierend an: Gleichwohl steht im Zentrum des Textes eine positive Wertung der Asche, die als Dung neues Leben ermöglicht: „Die müde Scholle neu zu stärken" (V. 21), damit wird der Kreislauf des Lebens weitergehen.

In dem oben stehenden Gedicht *Die Zeit geht nicht* finden wir ebenfalls die **Vergänglichkeitsthematik** poetisch gestaltet; dort wird die Zeit mit einem „runden Kranz" verglichen. Das ist ein Hinweis auf die Vorstellung eines Lebenskreislaufs, der auch in *Land im Herbste* zum Ausdruck kommt. Keller verzichtet auch in seiner Alterslyrik auf religiösen Trost oder metaphysische Spekulationen. Die Frage danach, was nach dem Leben sein mag, beantwortet er mit einem klaren **Bekenntnis zur Diesseitigkeit.**

5. Gottfried Keller (1819–1890)

Stichworte:
- Beispiel für Kellers Alterslyrik
- traurig wirkende Spätzeitstimmung
- gleichmäßige Struktur: vierhebiger Jambus, Kreuzreim
- positive Wendung der Todeserwartung: „Asche" dient als Dünger für neues Leben
- Vorstellung von einem Kreislauf des Lebens
- Bekenntnis zur Diesseitigkeit

6. Theodor Fontane (1819–1898)

6.1 Kurzbiografie

> Theodor Fontane gilt mit Werken wie *Effi Briest* oder *Der Stechlin* als bedeutendster Romancier des poetischen Realismus. Das Leben in der bürgerlichen Gesellschaft und die Auseinandersetzung mit starren Moralkonventionen waren seine Themen. Bevor er sich dem Roman zuwandte, schrieb Fontane, angeregt durch schottische Literatur, verstärkt Balladen und sentimentale Romanzen, von denen etliche zum Schulkanon gehören (z. B. *Herr von Ribbeck auf Ribbeck im Havelland*).

Theodor Fontane wurde am 30. Dezember 1819 in Neuruppin geboren. Seine Kindheit beschrieb er später in seiner Autobiografie *Meine Kinderjahre* (1894). Nach einer Lehre zum **Apotheker** (1836–1840) arbeitete Fontane als Gehilfe in der Apotheke seines Vaters und danach in verschiedenen Anstellungen in Magdeburg, Leipzig und Dresden, bevor er den Beruf 1849 aufgab, um sich ganz der Schriftstellerei und dem Journalismus zu widmen. Bereits 1839 hatte er eine erste Novelle (*Geschwisterliebe*) publiziert. 1844 wurde Fontane Mitglied der Autorengruppe „Tunnel über der Spree". 1855–1859 arbeitete er im Auftrag der preußischen *Zentralstelle für Presseangelegenheiten* als Korrespondent in London (*Ein Sommer in London*, 1854; *Jenseits des Tweed*, 1860)

Korrespondent in London

und später als Kriegsberichterstatter im Deutsch-Französischen Krieg 1870/1871, wobei er kurzzeitig sogar in Kriegsgefangenschaft geriet. Als Theaterkritiker war Fontane von 1870 bis 1890 für die *Vossische Zeitung* tätig und lobte die ersten Stücke naturalistischer Autoren (z. B. Gerhart Hauptmann). Fontane starb am 20. September 1898 in Berlin.

6. Theodor Fontane (1819–1898)

Werk:

Fontanes Werk ist **umfangreich:** Der Dichter hat über zweihundert lyrische Texte verfasst und daneben bedeutende Romane wie *Unterm Birnbaum* (1885), *Irrungen, Wirrungen* (1888), *Stine* (1890), *Unwiederbringlich* (1892), *Frau Jenny Treibel* (1892), *Effi Briest* (1895) oder *Der Stechlin* (1897) publiziert. Seine **Reiseerzählung** *Wanderungen durch die Mark Brandenburg* (1862–1882) gehört zu den bedeutendsten Reisefeuilletons des 19. Jahrhunderts.

Das prägende Thema seiner Werke ist das **Leben in der bürgerlichen Gesellschaft.** In seinen großen Gesellschaftsromanen zeichnet Fontane realistische Milieubilder und beschreibt die Auseinandersetzung der Figuren mit starren Moralkonventionen und tragischen Standeskonflikten. Seine Kritik an diesen Konventionen wird indirekt geübt. Fontane gilt als der wichtigste Romancier des poetischen Realismus. Bevor er sich dem Roman zuwandte, hatte er jedoch, angeregt durch schottische Literatur, mit Balladen (*Männer und Helden*, 1850; *Herr von Ribbeck auf Ribbeck im Havelland*, 1889) und sentimentalen Romanzen im Stil der Romantik begonnen. In ihnen behandelt er tragisch heroische Motive ebenso wie allgemeinmenschliche Themen.

6.2 Beispiel: *Archibald Douglas* (entst. 1854)

„Ich hab' es getragen sieben Jahr,
Und ich kann es nicht tragen mehr!
Wo immer die Welt am schönsten war,
Da war sie öd' und leer.

5 Ich will hintreten vor sein Gesicht
In dieser Knechtsgestalt,
Er kann meine Bitte versagen nicht,
Ich bin ja worden alt.

6. Theodor Fontane (1819–1898)

Und trüg' er noch den alten Groll,
10 Frisch wie am ersten Tag,
So komme, was da kommen soll,
Und komme, was da mag."

Graf Douglas spricht's. Am Weg ein Stein
Lud ihn zu harter Ruh,
15 Er sah in Wald und Feld hinein,
Die Augen fielen ihm zu.

Er trug einen Harnisch, rostig und schwer,
Darüber ein Pilgerkleid, –
Da horch! vom Waldrand scholl es her
20 Wie von Hörnern und Jagdgeleit.

Und Kies und Staub aufwirbelte dicht,
Herjagte Meut' und Mann,
Und ehe der Graf sich aufgericht't,
Waren Ross und Reiter heran.

25 König Jakob saß auf hohem Ross,
Graf Douglas grüßte tief,
Dem König das Blut in die Wangen schoss,
Der Douglas aber rief:

„König Jakob, schaue mich gnädig an
30 Und höre mich in Geduld,
Was meine Brüder dir angetan,
Es war nicht meine Schuld.

Denk nicht an den alten Douglas-Neid,
Der trotzig dich bekriegt,
35 Denk lieber an deine Kinderzeit,
Wo ich dich auf den Knien gewiegt.

6. Theodor Fontane (1819–1898)

Denk lieber zurück an Stirlingschloss,
Wo ich Spielzeug dir geschnitzt,
Dich gehoben auf deines Vaters Ross
40 Und Pfeile dir zugespitzt.

Denk lieber zurück an Linlithgow,
An den See und den Vogelherd,
Wo ich dich fischen und jagen froh
Und schwimmen und springen gelehrt.

45 O denk an alles, was einsten war,
Und sänftige deinen Sinn –
Ich hab' es gebüßet sieben Jahr,
Dass ich ein Douglas bin."

„Ich seh' dich nicht, Graf Archibald,
50 Ich hör' deine Stimme nicht,
Mir ist, als ob ein Rauschen im Wald
Von alten Zeiten spricht.

Mir klingt das Rauschen süß und traut,
Ich lausch' ihm immer noch,
55 Dazwischen aber klingt es laut:
Er ist ein Douglas doch.

Ich seh dich nicht, ich höre dich nicht,
Das ist alles, was ich kann –
Ein Douglas vor meinem Angesicht
60 Wär' ein verlorener Mann."

König Jakob gab seinem Ross den Sporn,
Bergan ging jetzt sein Ritt,
Graf Douglas fasste den Zügel vorn
Und hielt mit dem Könige Schritt.

6. Theodor Fontane (1819–1898)

65 Der Weg war steil, und die Sonne stach,
Und sein Panzerhemd war schwer;
Doch ob er schier zusammenbrach,
Er lief doch nebenher.

„König Jakob, ich war dein Seneschall,
70 Ich will es nicht fürder sein,
Ich will nur warten dein Ross im Stall
Und ihm schütten die Körner ein.

Ich will ihm selber machen die Streu
Und es tränken mit eigner Hand,
75 Nur lass mich atmen wieder aufs neu
Die Luft im Vaterland.

Und willst du nicht, so hab' einen Mut,
Und ich will es danken dir,
Und zieh dein Schwert und triff mich gut
80 Und lass mich sterben hier."

König Jakob sprang herab vom Pferd,
Hell leuchtete sein Gesicht,
Aus der Scheide zog er sein breites Schwert,
Aber fallen ließ er es nicht.

85 „Nimm's hin, nimm's hin und trag es neu,
Und bewache mir meine Ruh,
Der ist in tiefster Seele treu,
Der die Heimat liebt wie du.

Zu Ross, wir reiten nach Linlithgow,
90 Und du reitest an meiner Seit',
Da wollen wir fischen und jagen froh
Als wie in alter Zeit."

6. Theodor Fontane (1819–1898)

Die Auseinandersetzungen zwischen dem schottischen Douglas-Clan und dem schottischen Königshaus bilden den **historischen Hintergrund** von Fontanes Ballade. Das Geschlecht der Douglas lässt sich bis ins 12. Jahrhundert zurückverfolgen. Anfangs unterstützte es den schottischen König, später entwickelte der Clan jedoch eigene Machtinteressen, die zu heftigen kriegerischen Auseinandersetzungen mit dem jeweiligen Throninhaber führten. Bei dem in der Ballade angesprochenen Archibald Douglas handelt es sich um den 6. Earl of Angus, der von 1489 bis 1557 lebte. Er wurde 1528 im Rahmen von Machtstreitigkeiten vom schottischen König Jakob V. (1512–1542) verbannt, dessen Vormund er zunächst gewesen war. Die in der Ballade beschriebene Versöhnung der beiden Kontrahenten ist fiktiv, tatsächlich floh Douglas 1529 nach England und kehrte erst nach dem Tode Jakobs im Jahre 1542 nach Schottland zurück, wo er mit Hilfe des englischen Königs Heinrichs VIII. wieder in seine alten Rechte eingesetzt wurde.

Fontane hat die **Anekdote** von der Begegnung Archibalds und Jakobs in den Balladen des schottischen Romanciers Sir Walter Scott (1771–1832) gelesen (*The Minstrelsy of the Scottish border*, 1802) und nahm sie zur Grundlage einer eigenen Ballade. Vertont wurde sie von Johann Carl Gottfried Loewe (1796–1869).

> Walter Scotts *The Minstrelsy of the Scottish Border*

In 23 **Chevy-Chase-Strophen** wird die Geschichte von der Begegnung des Verbannten mit dem schottischen König erzählt. Nimmt man den historischen Zeitraum von Archibalds Exil in England, muss sich die fiktive Szene um das Jahr 1536 herum zugetragen haben. Vorausgesetzt wird, das Archibald einen historisch nicht nachgewiesenen Versuch unternommen hat, den schottischen König gnädig zu stimmen.

In den **ersten drei Strophen** wird ein **Monolog** der Hauptfigur wiedergegeben, in der angekündigt wird, dass der Exilierte nach sieben leidvollen Jahren in der Verbannung (vgl. V. 3 f.) in seine Heimat zurückkehren will. Archibald Douglas hat vor, im Gewand eines Pilgers (vgl. V. 18) demütig vor Jakob zu treten und ihn um die

6. Theodor Fontane (1819–1898)

Erlaubnis zur Rückkehr zu bitten, auch wenn der Ausgang dieses Gesprächs ungewiss ist. **Strophe 4 ff.** machen klar, dass er sich bereits wieder auf schottischem Boden befindet, denn während einer kurzen Rast begegnet er dem schottischen König, der mit einer Jagdgesellschaft heranreitet.

Als Douglas den König grüßt, erkennt ihn dieser sofort: „dem König das Blut in die Wangen schoß" (V. 27). Douglas nutzt die zufällige Gelegenheit und bittet den König um Gnade. Sein Argument lautet, dass des Königs Leid nicht von ihm, sondern von seinen Brüdern verursacht worden sei. Der König möge den alten Familienzwist beenden und sich vielmehr an seine glückliche Kinderzeit erinnern, als Douglas mit ihm spielte und gemeinsam mit ihm auf die Jagd ritt (vgl. V. 35–44). Douglas **bittet um Vergebung** und verweist darauf, dass er bereits lange schuldlos gebüßt habe: „ich hab' es gebüßet sieben Jahr, / dass ich ein Douglas bin" (V. 47 f.).

Die **Antwort des Königs** fällt deutlich aus: Er macht dem Bittsteller klar, dass er seine Anwesenheit nicht bemerken will, da Douglas andernfalls „verloren" (vgl. V. 60) wäre – dies ist eine Anspielung auf die Todesstrafe, die Douglas im Falle einer Rückkehr aus dem Exil droht. Gleichwohl erinnert sich der König an die Kinderzeit: Die Worte Archibalds sind für den König zwar nur ein „Rauschen" (V. 51), sind ihm aber doch angenehm („süß und traut", V. 53), auch wenn sie sofort von der Erinnerung an das durch den Douglas-Clan zugefügte Leid überschattet werden (vgl. V. 56).

Als der König davonreitet, läuft Douglas neben ihm her. Er bietet ihm an, als sein Stallbursche zu arbeiten, wenn es der König nur erlaube, dass er wieder in die Heimat zurückkehren dürfe: (V. 75 f.). Als einzige Alternative sieht Douglas den Tod: „und zieh dein Schwert und triff mich gut / und lass mich sterben hier" (V. 79 f.).

In den letzten drei Strophen wird die **Reaktion des Königs** berichtet: Er lässt sich von der Vaterlandsliebe des Grafen überzeugen, verzichtet auf eine Bestrafung und beauftragt den alten Douglas, sein Schwert künftig zu seinem Schutz zu tragen: „bewache mir meine Ruh'" (V. 86). Er ernennt Archibald somit zu seinem Leib-

6. Theodor Fontane (1819–1898)

wächter, vertraut ihm also sein Leben an. In der letzten Strophe fordert er den
alten Dougals auf, sein Pferd zu besteigen und mit ihm zum Jagen und Fischen zu reiten, so wie sie es in der Vergangenheit auch getan haben.

> „bewache mir meine Ruh"

Fontane gestaltet in seiner Ballade die **Themen „Heimweh", „Vergebung" und „Vaterlandsliebe"**. Ohne dass die genauen Gründe für die Exilierung des Grafen zur Sprache kommen – sie werden vielmehr den Brüdern und nicht dem Grafen selbst zur Last gelegt – wird der Schwerpunkt ganz auf die humane Handlung des Königs gelegt, der sich von der Heimatliebe des Grafen überzeugen lässt und schließlich die gemeinsame Vergangenheit als Grundlage für neuerliches Vertrauen heranzieht.

Des Königs Vergebung benötigt keine religiöse Begründung. Sie gesteht dem Menschen die Fähigkeit zu, aus eigener Kraft Schuld zu vergeben. Die Leistung des Königs besteht darin, den Douglas-Clan nicht mehr pauschal zu verurteilen, sondern der individuellen Bindung zu Archibald den Vorrang zu geben. Insofern liest sich die „Lehre" dieser Ballade schon als vorweggenommener Kommentar zu den indirekt kritischen Gesellschaftsromanen Fontanes, in denen der Einzelne starr nach den festen Regeln der bürgerlichen Konvention zu handeln gezwungen ist, ohne dass individuelle Bedürfnisse oder Handlungsmotive ausreichend zu ihrem Recht kommen.

Stichworte:

- Ballade in Chevy-Chase-Strophen
- Themen „Heimweh", „Vergebung" und „Vaterlandsliebe"
- Vergebung des Königs kommt ohne religiöse Begründung aus
- gemeinsame Heimatliebe als neue Vertrauensgrundlage
- Fontane-Thema: der Einzelne zwischen gesellschaftlichen Konventionen und individuellen Motiven

6. Theodor Fontane (1819–1898)

6.3 Beispiel: *Herr von Ribbeck auf Ribbeck im Havelland* (1889)

Herr von Ribbeck auf Ribbeck im Havelland,
Ein Birnbaum in seinem Garten stand,
Und kam die goldene Herbsteszeit
Und die Birnen leuchteten weit und breit,
5 Da stopfte, wenn's Mittag vom Turme scholl,
Der von Ribbeck sich beide Taschen voll,
Und kam in Pantinen ein Junge daher,
So rief er: „Junge, wiste 'ne Beer?"
Und kam ein Mädel, so rief er: „Lütt Dirn,
10 Kumm man röwer, ick hebb 'ne Birn."

So ging es viel Jahre, bis lobesam
Der von Ribbeck auf Ribbeck zu sterben kam.
Er fühlte sein Ende. 's war Herbsteszeit,
Wieder lachten die Birnen weit und breit;
15 Da sagte von Ribbeck: „Ich scheide nun ab.
Legt mir eine Birne mit ins Grab."
Und drei Tage drauf, aus dem Doppeldachhaus,
Trugen von Ribbeck sie hinaus,
Alle Bauern und Büdner mit Feiergesicht
20 Sangen „Jesus meine Zuversicht",
Und die Kinder klagten, das Herze schwer:
„He is dod nu. Wer giwt uns nu 'ne Beer?"

So klagten die Kinder. Das war nicht recht –
Ach, sie kannten den alten Ribbeck schlecht;
25 Der neue freilich, der knausert und spart,
Hält Park und Birnbaum strenge verwahrt.
Aber der alte, vorahnend schon
Und voll Misstraun gegen den eigenen Sohn,

6. Theodor Fontane (1819–1898)

Der wusste genau, was damals er tat,
30 Als um eine Birn' ins Grab er bat,
Und im dritten Jahr aus dem stillen Haus
Ein Birnbaumsprössling sprosst heraus.

Und die Jahre gehen wohl auf und ab,
Längst wölbt sich ein Birnbaum über dem Grab,
35 Und in der goldenen Herbsteszeit
Leuchtet's wieder weit und breit.
Und kommt ein Jung' übern Kirchhof her,
So flüstert's im Baume: „Wiste 'ne Beer?"
Und kommt ein Mädel, so flüstert's: „Lütt Dirn,
40 Kumm man röwer, ick gew' di 'ne Birn."

So spendet Segen noch immer die Hand
Des von Ribbeck auf Ribbeck im Havelland.

Die **Altersballade Fontane** gestaltet eine Sage, die von einer historischen Figur handelt: Hans Georg von Ribbeck (1689–1759) stammte aus dem gleichnamigen **märkischen Adelsgeschlecht**, das seit dem 13. Jahrhundert im Havelland (Brandenburg) ansässig war. Fontanes Quelle für die Geschichte war die Sammlung *Sagen aus der Grafschaft Ruppin und Umgegend* (1887) von Eduard Haase. Der beschriebene Birnbaum wuchs tatsächlich bis zum Jahre 1911 über dem Familiengrab.

> *Sagen aus der Grafschaft Ruppin und Umgegend*

Fontane erzählt die Geschichte um den Herrn von Ribbeck in vier Strophen zu jeweils zehn bzw. zwölf Versen. Die letzten beiden Verse der vierten Strophe sind graphisch abgesetzt und fassen die Bedeutung der erzählten Geschichte prägnant zusammen.
Inhaltlich ist das Gedicht **klar aufgebaut:** In der ersten Strophe wird davon erzählt, dass Herr von Ribbeck den vorbeikommenden Kindern im Herbst stets Birnen schenkt. Die zweite Strophe beinhaltet die Zeit bis zu seinem Lebensende: Nach dem Tod des freige-

6. Theodor Fontane (1819–1898)

bigen Mannes fragen sich die Kinder besorgt, von wem sie nun die Birnen bekommen werden. In der dritten Strophe wird hervorgehoben, dass der Sohn des Verstorbenen die Tradition aus Geiz nicht fortsetzen wird. Allerdings habe das der alte Ribbeck schon vorausgesehen und sich eine Birne mit ins Grab legen lassen, aus der nach kurzer Zeit bereits ein Sprössling treibt. In der vierten Strophe wird erzählt, dass der neue Birnbaum über dem Grab des alten Ribbeck die Kinder weiterhin mit Birnen versorgt und dass das segensreiche Wirken auf diese Weise fortbesteht.

Die Ballade gestaltet mit der Birnbaumgeschichte das **Ethos einer gesellschaftlichen Verantwortung von Besitz** und ein **Lob der Freigebigkeit.** Herr von Ribbeck ist dazu bereit, sein Eigentum für andere zu verwenden. Diese soziale Verantwortung, für die die Birnengabe als symbolische Handlung begriffen werden kann, wirkt auch nach seinem Tod vorbildhaft weiter und lässt sich auf andere gesellschaftliche Bereiche übertragen. Realistisch ist an dieser Ballade, dass sie das Geschehen radikal **säkularisiert:** Das Wachsen des Birnbaums wird mit natürlichen biologischen Lebensgesetzen und nicht religiös begründet. Nur die Stimmen, die angeblich aus dem Birnbaum über dem Grab zu hören sind, können als magisch-geheimnisvolles Element und als Deutung des „normalen" Windrauschens im Baum begriffen werden.

> soziale Verantwortung

Dem Sagencharakter der Ballade entsprechen die **regionalen Elemente:** Der Text orientiert sich an einem tatsächlich existierenden Birnbaum am Grab der Ribbecks und erklärt die Umstände, die zu seiner Entstehung geführt haben. Daher werden konkrete Ortsangaben verwendet (vgl. V. 1). Außerdem findet der plattdeutsche Dialekt Eingang in das Gedicht (vgl. z. B. V. 9 f.).

Fontane verwendet einen überwiegend **beschreibenden und sachlichen Stil.** Der Rhythmus ist gleichförmig, jeder Vers ist **vierhebig.** Die Füllung der Senkungen ist recht frei, zuweilen erfordert die natürliche Sprechbetonung die syntaktische Umstellung (Inversionen z. B. in V. 2, 18). Wenige **Metaphern** und **Personifizie-**

rungen: z. B. „goldene Herbsteszeit" (V. 3), „die Birnen leuchteten" (V. 4), „Wieder lachten die Birnen" (V. 14), „Jahre gehen wohl auf und ab" (V. 33) poetisieren die Darstellung ansatzweise. Realistisch ist auch die Wiedergabe des **Dialektes.**

> **Stichworte:**
>
> - Altersballade Fontanes um eine historische Figur
> - Birnbaum über Familiengrab
> - Ethos einer gesellschaftlichen Verantwortung von Besitz
> - Lob der Freigebigkeit
> - Birngabe als symbolische Handlung
> - säkularisierte Deutung des Geschehens (keine religiöse Begründung)
> - regionale Elemente im Dienste des Realismus (konkrete Ortsangaben, Dialekt)
> - beschreibender, sachlicher Stil

6.4 Beispiel: *Auf dem Matthäikirchhof* (1889)

Alltags mit den Offiziellen
Weiß ich mich immer gut zu stellen,
Aber feiertags was Fremdes sie haben.
Besonders wenn sie wen begraben,
5 Dann treten sie (drüber ist kaum zu streiten)
Mit einem Mal in die Feierlichkeiten.

Man ist nicht Null, nicht geradezu Luft,
Aber es gähnt doch eine Kluft,
Aber das ist die Kunst, die Meisterschaft eben,
10 Dieser Kluft das rechte Maß zu geben.

6. Theodor Fontane (1819–1898)

Nicht zu breit und nicht zu schmal,
Sich flüchtig begegnen, ein- zwei- dreimal.

Und verbietet sich solches Vorüberschieben,
Dann ist der Gesprächsgang vorgeschrieben:
15 „Anheimelnder Kirchhof … beinah ein Garten …
Der Prediger lässt heute lange warten …"
Oder: „Der Tote, hat er Erben?
Es ist erstaunlich, wie viele jetzt sterben."

In drei Strophen, die in einer an die **Knittelverstechnik** erinnernden Weise gestaltet sind, setzt sich Fontane auf ironische Weise mit **gesellschaftlichen Konventionen** auseinander.

In der **ersten Strophe** hebt das lyrische Ich hervor, dass im alltäglichen gesellschaftlichen Umgang mit den Vertretern von Institutionen stets ein angenehmer Umgangston herrscht. Trifft man aber im Zusammenhang mit feierlichen Anlässen wie einer Beerdigung auf diese Vertreter, wird die Kommunikation schwierig, sie haben dann „was Fremdes" (V. 3) an sich.

Die **zweite Strophe** setzt sich mit der Frage auseinander, wie ein **unverfängliches Gespräch** im Kontext einer Beerdigung gestaltet werden könnte. Der äußere Rahmen wird nun nicht mehr durch berufliche Zielsetzungen bestimmt, die zum Gesprächsthema werden könnten. Das geeignete Thema muss jetzt vielmehr gesucht werden. Dabei sind Gesprächsanlass und die Frage der individuellen Distanz zu beachten. Die Themen dürfen auf der einen Seite nicht geschäftlich sein, da sie sonst nicht mehr dem Anlass entsprechen. Auf der anderen Seite dürfen sie aber auch dem Einzelnen nicht zu nahe treten – dieses Problem ist mit der Metapher „Kluft" (V. 8, 10) umschrieben.

| konventionalisierte Kommunikation | In der **dritten Strophe** finden sich dann **Beispiele für eine konventionalisierte Kommunikation:** Man teilt seine anerkennende Meinung zur Gestaltung des Friedhofs mit (vgl. V. 15), |

man kritisiert die Verspätung des Pfarrers (vgl. V. 16) oder erkundigt sich nach den Erben des Verstorbenen und äußert sein Erstaunen über die zahlreichen Todesfälle der letzten Zeit (vgl. V. 17 f.).

Der Ton des Gedichtes ist von **Ironie** geprägt. Diese Sprechhaltung kommt bereits im ersten Vers zum Ausdruck, wenn unspezifisch von „den Offiziellen" die Rede ist, die – in einen **paradoxen Zusammenhang** gebracht – „wen begraben" (V. 4). Auch die Bemerkung in Klammer „(drüber ist kaum zu streiten)" (V. 5) weist einen ironisch-spöttischen Ton auf, mit dem bestätigt wird, dass man diese Menschen nicht davon abhalten kann, solche Feierlichkeiten zu besuchen. Der Ausdruck „nicht gerade Luft" (V. 7) qualifiziert die eigene geringe Bedeutung, die für die „Offiziellen" und Angehörige der feineren Gesellschaft fast gar keine ist. In der letzten Strophe werden schließlich typische Gesprächsinhalte wiedergegeben, **Floskeln und Phrasen,** die mit ihrer Oberflächlichkeit in einem deutlichen Kontrast zum Anlass stehen. Insbesondere der materielle Aspekt, der mit den „Erben" (V. 17) angeschnitten ist, gibt der Ironie am Ende eine satirische Schärfe, die mit dem Allgemeinplatz, der Klage über viele Todesfälle, in ein Anprangern von mangelndem Reflexionsvermögen mündet.

Die **metrische Gestaltung** der Verse ist uneinheitlich. Nur der Paarreim bindet die Verse lautlich aneinander, allerdings in völlig anspruchsloser, zuweilen sogar amateurhafter Auswahl geeigneter Reimworte (vgl. z. B. V. 13 f.). Der locker-holprige, anspruchslose und an einen Knittelvers erinnernde Ton – der übrigens bereits an Tucholsky und Kästner erinnert – markiert auf lautlicher Ebene die **Oberflächlichkeit** der konventionalisierten Kommunikation und schafft gleichzeitig eine ironische Distanz dazu. Fontane konzentriert in diesem Text detailgetreuen Realismus. Seine formalen und stilistischen Mittel arbeiten das Wesentliche heraus: das gesellschaftlich bedingte Unvermögen nämlich, ein authentisches Gespräch zu führen. Diese Kritik an gesellschaftlichen Konventionen weist auf sein Spätwerk als Romancier hin.

> Knittelvers-Ton

6. Theodor Fontane (1819–1898)

Stichworte:

- erinnert an Knittelverstechnik
- ironische Auseinandersetzung mit gesellschaftlichen Konventionen
- Beispiele von Floskeln und Phrasen
- Kontrast zwischen oberflächlicher Kommunikation und Ernsthaftigkeit des Anlasses
- uneinheitliche metrische Gestaltung
- detailgetreuer Realismus
- bewusst anspruchslose, ja amateurhafte Reime

7. Conrad Ferdinand Meyer (1825–1898)

7.1 Kurzbiografie

> Der Schweizer Conrad Ferdinand Meyer gilt als einer der bedeutendsten Balladendichter der deutschsprachigen Literatur. Mit Dinggedichten wie *Der römische Brunnen* oder *Zwei Segel* wurde er zu einem Wegbereiter des Symbolismus. Dichter wie Rilke oder Hofmannsthal wurden von seiner Lyrik beeinflusst.

Conrad Ferdinand Meyer wurde am 11. Oktober 1825 als Sohn eines Regierungsrates in Zürich geboren. Familiär vorbelastet durch **psychische Erkrankungen** und den frühen Tod seines Vaters, kam Meyer nach einem abgebrochenen Jurastudium noch vor seinem 20. Geburtstag vorübergehend in eine Nervenheilanstalt. 1856 wählte seine Mutter den Freitod durch Ertränken, die Erbschaft machte Meyer finanziell unabhängig. 1857/1858 unternahm er mit seiner Schwester Betsy, zu der er eine enge Bindung hatte, Reisen nach München, Frankreich und Italien. In Rom wurde seine Begeisterung für die Kunst der Antike und Renaissance (v. a. für Michelangelo) geweckt. 1875 heiratete Meyer die vermögende Louise Ziegler, 1879 wurde die Tochter Camilla geboren. Mit dem Schweizer Dichter Gottfried Keller lieferte er sich einen literarischen Wettstreit, bei dem die Renaissancenovellen *Der Schuss von der Kanzel* (1877) und *Plautus im Nonnenkloster* (1882) entstanden. Nach 1887 wurde Meyer immer depressiver; 1892 wurde er wegen Depressionen und einem zunehmenden Dämmerzustand mit Wahnvorstellungen in eine Nervenheilanstalt eingewiesen. Ein Jahr später wurde er ohne Verbesserung seines Zustandes wieder entlassen und bis zu seinem Tode von seiner Frau und seiner Schwester gepflegt. Meyer starb am 28. November 1898 in Kilchberg bei Zürich.

7. Conrad Ferdinand Meyer (1825–1898)

Werk:
Meyer überwindet in seiner abstrakt-intellektuellen Lyrik das traditionelle Erlebnisgedicht und die bloße realistische Darstellung der Wirklichkeit. Durch seine eher **symbolische Bildlichkeit** weist er bereits auf die moderne Lyrik voraus; Lyriker wie Rainer Maria Rilke oder Hugo von Hofmannsthal wurden von dem Schweizer beeinflusst. Zeitgenossen wie Theodor Storm („Ein Lyriker ist er nicht"[28]) vermochte Meyers Lyrik jedoch nicht immer zu überzeugen, Gottfried Keller warf ihm Manierismus vor.

> „Ein Lyriker ist er nicht"

War Meyers Frühwerk noch von der Spätromantik beeinflusst, so zeigen seine späteren Arbeiten seine Beschäftigung mit der Renaissance und den Schriften des Schweizer Kunsthistorikers Jacob Burckhardt (1818–1897). 1863 erschien sein erster Lyrikband *Zwanzig Balladen von einem Schweizer* (1869 in erweiterter Form unter dem Titel *Romanzen und Bilder*). Der eigentliche literarische Erfolg stellte sich mit dem Versepos *Huttens letzte Tage* (1871) ein. Bis 1887, als Meyer erneut von schweren Depressionen befallen wurde, erlebte er eine äußerst produktive Zeit, in der er die Werke schuf, wegen derer er zu den bedeutendsten Schweizer Autoren gezählt wird, z. B. die Novellen *Das Amulett* (1873), *Gustav Adolfs Page* (1882), *Die Versuchung des Pescara* (1887) und *Angela Borgia* (1891) sowie die Lyriksammlung *Gedichte* (1882).

7.2 Beispiel: *In der Dämmerung* (1864)

> Ich belausche meinen Ruderschlag,
> Schiffend in dem trübverglomm'nen Tag:
> Wolken, die den Tag so trüb gemacht
> Wollt ihr rauben mir die heil'ge Nacht?

---

28 „Ein Lyriker ist er nicht; dazu fehlt ihm der unmittelbare, mit sich fortreißende Ausdruck der Empfindung oder auch wohl die unmittelbare Empfindung selbst." Brief an Gottfried Keller vom 22. 12. 1882. Theodor Storm: Briefe, Bd. 2. Hrsg. v. Peter Goldammer. Berlin, Weimar: Aufbau, 1984, S. 262.

7. Conrad Ferdinand Meyer (1825–1898)

5 In dem Schilfe streicht mein Nachen leicht,
   Das sich niedrig durcheinanderbeugt;
   Schon am Morgen hat's ein Sturm gelegt
   Und nun wird's von keinem Hauch bewegt.

   Immer sachter geht der Ruderschwung,
10 Eingeschläfert von der Dämmerung,
   Kühle Tropfen rinnen mir ins Herz
   Und zur Ruhe gehen Lust und Schmerz.

   Himmel, nun erhelle deine Höh'n!
   Eh' der Nachen muss zum Porte geh'n.
15 Sterne kommet: Abend ist es ja!
   Sterne, warum seid ihr noch nicht da?

C. F. Meyer hat sich in dem vorliegenden Gedicht mit dem Thema der Vergänglichkeit beschäftigt. Situativer Kontext ist eine abendliche Bootsfahrt. Das Motiv des Wassers und das Thema „Vergänglichkeit bzw. Tod" können bei Meyer durch den Freitod der Mutter im Jahre 1856 als miteinander verbunden angesehen werden.

Inhalt

- **Strophe 1:** Das lyrische Ich unternimmt abends eine Fahrt mit einem Ruderboot. Es spricht die Wolken an, die den Himmel bedecken und die die Sterne nicht hervortreten lassen.
- **Strophe 2:** Die Fahrt geht durch Schilf, das von einem morgendlichen Sturm niedergedrückt worden ist und nun ruhig daliegt.
- **Strophe 3:** Die Frequenz des Ruderschlags nimmt mit dem Herankommen der abendlichen Ruhe ab; das lyrische Ich fühlt sich frei von Leidenschaften wie Lust und Schmerz.
- **Strophe 4:** Das lyrische Ich fordert die Sterne auf, endlich zu erscheinen, bevor das Boot am Hafen ankommt. Das Gedicht schließt mit der Frage, warum die Sterne auf sich warten lassen.

7. Conrad Ferdinand Meyer (1825–1898)

Befreiung von Leidenschaften

Als Aussage lässt sich formulieren: Die Ruhe der Abenddämmerung wird als eine Befreiung von Leidenschaften erfahren und als Begegnung mit der durch die Symbole des Himmels und der Sterne wirkenden Transzendenz.

Sprachliche und formale Mittel:
- vier Strophen zu jeweils vier Versen, alternierend bzw. fünfhebiger Trochäus, männliche Kadenzen, Paarreim, gestauter Rhythmus durch männliche Kadenzen bzw. trochäisches Metrum, Angleichung an das Versmaß häufig durch Synkopierungen („Wollt ihr rauben mir die heil'ge Nacht?", V. 4) oder Apokopierungen („Und nun wird's von keinem Hauch bewegt", V. 8), gleichmäßiger Satzbau, Vers- und Satzende fallen zusammen (Ausnahme vgl. V. 3 f.): Unterstützung des gleichmäßigen Ruderschlags, Ausdruck der Ruhe der Abendstimmung;
- Enjambement (vgl. V. 3 f.): Ausdruck der Störung der inneren Ruhe des lyrischen Ichs;
- Personifizierung: „Immer sachter geht der Ruderschwung, / Eingeschläfert von der Dämmerung" (V. 9 f.) als Intensivierung der Vorstellung, dass der Abend sich beruhigend auf die Anstrengungen des Tages (Symbol des Ruderns evtl. als Hinweis auf die alltäglichen Verrichtungen zu sehen) auswirkt;
- Metapher: „Kühle Tropfen rinnen mir ins Herz" (V. 11) als bildhafte Beschreibung, wie die innere Verfassung des lyrischen Ichs nach und nach zur Ruhe kommt;
- Symbol: „Himmel", „Sterne" (V. 13, 15 f.) als Hinweis auf Gott;
- Metapher: „Eh' der Nachen muss zum Porte geh'n" (V. 14) in übertragenem Sinne als Hinweis auf das Ende des Lebens zu verstehen;
- Ausrufe (vgl. V. 13, 15) unterstreichen Wichtigkeit des Anliegens.

7. Conrad Ferdinand Meyer (1825-1898)

In dem Text wird die Natur in der **Abendstimmung nicht als bedrohlich** erfahren (vgl. z. B. das Motiv des Schilfs). Der Abend verschafft vielmehr innere Ruhe, die dem Menschen die Augen für die wesentlichen Dinge öffnet. Eine wichtige Erfahrung ist die der eigenen Vergänglichkeit. Das lyrische Ich wendet sich an Gott, der sich im Symbol der verborgenen Sterne aber verbirgt.

Die Gründe für die Zuordnung des Textes zum **poetischen Realismus** sind: strenge formale Gestaltung, realistische Naturzeichnung mit metaphorischen Komponenten, Fehlen einer idealistischen Grundaussage wie z. B. in der Klassik, Darstellung der Vereinzelung des Menschen, Hoffen auf göttlichen Beistand („Sterne" als Metapher für göttliche Unterstützung).

Die **Selbsterfahrung des Menschen** wird in der Lyrik oft mit dem zu Ende gehenden Tag verknüpft. Markante Beispiele dafür finden sich im Expressionismus. So wird der Abend in **Georg Trakls Gedicht *Verfall* (1909)** als situativer Kontext für das Nachdenken über die Vergänglichkeit genommen. Religiöser Trost indes wird weder bei Meyer noch bei Trakl gegeben. In Trakls expressionistischem Gedicht, 45 Jahre nach Meyers Gedicht *In der Dämmerung* entstanden, verschafft der Abend dem Menschen die Vergewisserung seiner Vergänglichkeit und seiner Einsamkeit.

Stichworte:

- Thema Vergänglichkeit
- Abenddämmerung befreit von Leidenschaft, Lust und Schmerz
- innere Ruhe als Voraussetzung für Transzendenzerfahrung
- Natur nicht bedrohlich
- realistische Naturzeichnung
- Fehlen einer idealistischen Aussage
- Darstellung der Vereinzelung des Menschen

7. Conrad Ferdinand Meyer (1825–1898)

Das Gedicht ist eine frühe Variante des folgenden Textes *Schwüle*. Der Vergleich arbeitet wesentliche Unterschiede heraus:

7.3 Beispiel: *Schwüle* (entst. 1864)

Trüb verglomm der schwüle Sommertag,
Dumpf und traurig tönt mein Ruderschlag –
Sterne, Sterne – Abend ist es ja –
Sterne, warum seid ihr noch nicht da?

5 Bleich das Leben! Bleich der Felsenhang!
Schilf, was flüsterst du so frech und bang?
Fern der Himmel und die Tiefe nah –
Sterne, warum seid ihr noch nicht da?

Eine liebe, liebe Stimme ruft
10 Mich beständig aus der Wassergruft –
Weg, Gespenst, das oft ich winken sah!
Sterne, Sterne, seid ihr nicht mehr da?

Endlich, endlich durch das Dunkel bricht –
Es war Zeit! – ein schwaches Flimmerlicht –
15 Denn ich wusste nicht, wie mir geschah.
Sterne, Sterne, bleibt mir immer nah!

Inhalt
- **Strophe 1:** Das lyrische Ich unternimmt eine Bootsfahrt am Ende eines Sommertags. Es empfindet die Ruderschläge als traurig und wünscht sich das rasche Erscheinen der Sterne herbei.
- **Strophe 2:** Das lyrische Ich verbindet die Blässe eines Felsens mit der Blässe des Lebens. Es glaubt, ein freches bzw. banges

7. Conrad Ferdinand Meyer (1825–1898)

Flüstern des Schilfes zu vernehmen. Der Himmel erscheint weit entfernt, während die als bedrohlich erscheinende Tiefe des Wassers in unmittelbarer Nähe ist. Erneut ruft das lyrische Ich nach den Sternen, die rasch erscheinen sollen.
- **Strophe 3:** Aus dem Wasser vernimmt das lyrische Ich das kontinuierliche Rufen einer ihm vertrauten Stimme. Es befiehlt der Erscheinung, zu verschwinden, und sehnt weiter das Erscheinen der Sterne herbei.
- **Strophe 4:** Die Sterne kündigen durch ein schwaches Leuchten ihr Kommen an. Das lyrische Ich ist dankbar dafür, weil es sich von ihnen Hilfe in einer ihm als unsicher erscheinenden Situation verspricht. Es wünscht sich, dass die Sterne immer bei ihm bleiben mögen.

Die abendliche Bootsfahrt mit dem Hereinbrechen der Nacht wird von dem lyrischen Ich als **bedrohlich** erlebt. In der Natur erfährt es die Vergänglichkeit. Dieses Bedrohungsgefühl wird durch die Wahrnehmung einer aus dem Wasser rufenden Stimme verstärkt; sie lässt sich als Hinweis auf den Tod bzw. als Versuchung zum Selbstmord deuten. Beruhigung erfährt das lyrische Ich dagegen durch die Sterne – dieses Symbol lässt sich als **Hinweis auf eine religiöse Glaubensaussage** verstehen.

> Versuchung zum Selbstmord

Sprachliche und formale Mittel
Die zum Einsatz kommenden formalen und sprachlichen Mittel verstärken zum einen das Gefühl der Bedrohung, zum anderen verdeutlichen sie den Gegensatz zwischen der als bedrohlich erfahrenen irdischen Vergänglichkeit und dem durch die Sterne zugesprochenen metaphysischen Trost.
- vier Strophen zu jeweils vier Versen, alternierend bzw. fünfhebiger Trochäus, männliche Kadenzen, Paarreim, gestauter Rhythmus durch männliche Kadenzen bzw. trochäisches Metrum, unregelmäßige Bewegung durch zahlreiche Parenthesen und Einschübe: Unterstützung des gleichmäßigen Ruderschlags,

7. Conrad Ferdinand Meyer (1825–1898)

der gestaute Rhythmus lässt sich als Störung der Gleichmäßigkeit – vgl. die innere Situation des lyrischen Ichs – deuten;
- Adjektive und Verben mit negativer Konnotation: z. B. trüb, verglimmen, schwül, dumpf, traurig (vgl. V. 1 f.) als Ausdruck der melancholischen Grundstimmung des lyrischen Ichs;
- Parenthese, Wiederholung, „Sterne, Sterne" (V. 3), und Frage (vgl. V. 4) als Intensivierung des Wunsches;
- Schlüsselbegriff, Symbol: „Sterne" (V. 3 f., 8, 12, 16) als Hinweis auf die Bedeutung der metaphysischen Hilfe;
- Ausruf, Ellipse: „Bleich das Leben! Bleich der Felsenhang!" (V. 5), Personifikation: „Schilf, was flüsterst du so frech und bang?" (V. 6), Assonanz: Reimwörter auf „a" (vgl. z. B. V. 1–8) und „u" (vgl. V. 9 f.), Alliteration: f-Laute in V. 6, Antithese, Chiasmus: „Fern der Himmel und die Tiefe nah" (V. 7): Verdeutlichung der inneren Erregung, Intensivierung der Bedrohlichkeit („bang", V. 6, als „ängstlich" oder „Angst hervorrufend" zu verstehen), Kontrast;
- Symbol: „Himmel" (V. 7) als Hinweis auf göttlichen Beistand;
- Wiederholung: „liebe, liebe Stimme" (V. 9) als Hinweis auf einen dem lyrischen Ich nahestehenden Toten (biographischer Hinweis: Die Mutter des Dichters ertränkte sich im Jahre 1856 in geistiger Verwirrung);
- Wiederholung: „Endlich, endlich" (V. 13): Erfüllung des dringenden Wunsches;
- Ellipse: „ein schwaches Flimmerlicht" (V. 14): Betonung der aufgeregten Erwartungshaltung;
- Ausruf: „Sterne, Sterne, bleibt mir immer nah!" (V. 16): Verdeutlichung des Wunsches nach allgegenwärtigem göttlichem Beistand.

Abendstimmung als Bedrohung

In dem Text *Schwüle* wird die Natur in der Abendstimmung als Bedrohung erfahren, vgl. z. B. Eindrücke des Felsens und des Schilfs. Die Naturwahrnehmung wird mit der Vergänglichkeit des Lebens assoziiert.

7. Conrad Ferdinand Meyer (1825–1898)

Das lyrische Ich erfährt Trost und Geborgenheit in der Hinwendung zu einer sich offenbarenden metaphysischen Instanz, die sich im Symbol der Sterne fassen lässt.

> **Stichworte:**
>
> - frühere Version von *In der Dämmerung*
> - Abendstimmung als Bedrohung
> - Versuchung zum Selbstmord durch Stimme aus dem Wasser
> - Beruhigung durch Sterne: Hinweis auf religiöse Glaubensaussage
> - sprachliche Mittel verstärken Gefühl der Bedrohung und Gegensatz zwischen irdischer Vergänglichkeit und metaphysischem Trost der Sterne

Vergleicht man die Aussage des Gedichtes *Schwüle* mit *In der Dämmerung,* so zeigt sich, dass sich zwar beide motivisch gleichen, sie in ihrer Aussage aber sehr verschieden sind: *In der Dämmerung* verzichtet völlig auf einen religiösen Trost.

7. Conrad Ferdinand Meyer (1825–1898)

7.4 Beispiel: *Die Rose von Newport* (1864)

Sprengende Reiter und flatternde Blüten,
Einer voraus mit gescheitelten Locken –
Ist es der Lenz auf geflügeltem Renner?
Karl ist's, der Jüngling, der Erbe von England,
5 Und die sich nähern in goldener Mailuft,
Das sind die Giebel und Tore von Newport,
Drüber das Wappen der Stadt: eine Rose!
Jubelnde Gassen und jubelnde Wimpel
Und ein von treibender Jugend geschwelltes,
10 Jubelndes Herz in dem Busen des Stuart ...
Unter den blühenden Linden des Marktes
Schreitet ein Reigen von blühnden Gestalten,
Und eine Schönste mit herzlichem Beben
Bietet dem Prinzen die Rose von Newport:
15 „Seliges Gestern und Morgen und Heute,
Herr, dir die Rose von Newport bedeute!"
Morgen erzählen die Linden das Märchen
Von der entblätterten Rose von Newport.

Sprengende Reiter und wirbelnde Flocken,
20 Einer voraus mit verwilderten Haaren –
Ist es der Winter, der finstre Geselle?
Karl ist's, der Flüchtling, der König von England.
Seit er das Blut seines Volkes vergossen,
Reitet er neben zerschmetterndem Abgrund ...
25 Und die sich nähern in weißem Gestöber,
Das sind die Giebel und Tore von Newport,
Drüber das Wappen der Stadt: eine Rose!
Nirgend ein Jubel und nirgend ein Wimpel,
Polternde Hämmer und kreischende Feilen,
30 Und ein von eisernen Fäusten gepresstes,
Ächzendes Herz in dem Busen des Stuart ...

7. Conrad Ferdinand Meyer (1825–1898)

Unter den frierenden Linden des Marktes
Bettelt ein Kind mit verschatteten Augen,
Bietet dem König ein dorrendes Röschen:
35 „Seliges Gestern und Morgen und Heute,
Herr, dir die Rose von Newport bedeute!"
Karl, der die Züge des Kindes betrachtet,
Schmal und gespenstig im Spiegel des Elends
Sieht er das eigene Antlitz und schaudert.

40 Morgen erzählen die Linden das Märchen
Von dem enthaupteten König von England.

Die **Form der Ballade** war beim literaturinteressierten Publikum der zweiten Hälfte des 19. Jahrhunderts sehr beliebt. Auch für Conrad Ferdinand Meyer stellte sie eine wichtige Gedichtform dar. So war seine erste eigenständige Publikation 1863 die **Balladensammlung** *Zwanzig Balladen von einem Schweizer*. In dieser Sammlung findet sich auch die erste Version des vorliegenden Gedichtes unter dem Titel *Die Flucht Karls I*. Der spätere Titel *Die Rose von Newport* spielt zwar noch immer auf den historischen Hintergrund um König Karl I. von England (1600–1649) an, bietet aber mit der Rose bereits eine symbolische Erweiterung über das Reale hinaus.

> Rose als symbolische Erweiterung

Erzählt wird die **Tradition,** dass Karl I., wenn er durch die englischen Stadt Newport reitet, stets mit einer Rose begrüßt wird. Verbunden mit dieser Blumengabe sind Segenswünsche. Als Karl I. einmal in Kriegstagen durch die Stadt reitet, erhält er nur noch eine vertrocknete Rose, die er als schlechtes Omen für sein eigenes Schicksal deutet.

Formal ist auffällig, dass das Gedicht mit zwei etwa gleich großen Erzählteilen und zwei **zweizeiligen Refrainstrophen** symmetrisch aufgebaut ist. Zahlreiche Wiederholungen festigen die Binnenstruk-

7. Conrad Ferdinand Meyer (1825–1898)

tur. Auf einen durchgehenden Reim wird verzichtet; als Versmaß wird ein **vierhebiger Daktylus** verwendet.

Die symmetrische Struktur ist inhaltlich **antipodisch** angelegt, auch wenn die verwendeten Begriffe nicht stets als Antonyme zu verstehen sind. Die erste Erzählstrophe trägt einen hellen, dynamischen („sprengende Reiter", V. 1) und optimistischen Ton, der auf den nahenden Frühling verweist („flatternde Blüten", V. 1; „Lenz auf geflügeltem Renner", V. 3; „in goldener Mailuft", V. 5). Die zweite Erzählstrophe dagegen ist von einer **Endzeitstimmung** geprägt: Es ist Winter („wirbelnde Flocken", V. 19; „Winter, der finstre Geselle", V. 21), und ein düsterer Ton beherrscht das Gedicht („mit verwilderten Haaren", V. 20; „der Flüchtling", V. 22).

Zwischen beiden Strophen liegt eine unbestimmte Zeitspanne, in der Karl vom „Erbe(n) von England" (V. 4) zum „König von England" (V. 22) aufgestiegen ist.

Doch während der Erbe in der ersten Strophe von den Einwohnern Newports begeistert empfangen wird (poetisch durch die **Anthropomorphisierung,** also Vermenschlichung, von Gassen und Wimpeln untermalt, vgl. V. 8), erwartet den König kein Empfang (vgl. V. 28). Seinem „jubelnden Herz" (V. 10) steht nun das „ächzende Herz" (V. 31) gegenüber, das auf die Last verweist, die Karl als König tragen muss. Auf die feierliche Überreichung der Rose durch die schönste Frau Newports folgt in der zweiten Strophe die zaghafte Darbietung einer verdorrten Blume durch „ein Kind mit verschatteten Augen" (V. 33). Den „frierenden Linden" (V. 32) entsprechen in der ersten Strophe die „blühenden Linden" (V. 11), die die frohe Stimmung symbolisieren.

> traditioneller Segensspruch

In beiden Strophen zitiert die Überbringerin der Rose den **traditionellen Segensspruch:** „Seliges Gestern und Morgen und Heute, / Herr, dir die Rose von Newport bedeute!" (V. 15 f. und V. 35 f.). In der zweiten Strophe jedoch erkennt Karl in den ärmlich-elenden Gesichtszügen des Kindes sein eigenes Gesicht. Während der Refrain nach der ersten Strophe die Erfüllung der Segenswünsche in der

7. Conrad Ferdinand Meyer (1825–1898)

Metapher der „entblätterten Rose" fasst, wird im zweiten Refrain auf die historisch überlieferte **Enthauptung des Königs** hingewiesen (Karl I. wurde während des englischen Bürgerkrieges abgesetzt und hingerichtet).

Der poetische Realismus will das, was sich in der Wirklichkeit zuträgt, nicht einfach nur verbalisieren und kopieren, sondern er bemüht sich um eine **poetisch-stilisierte Wiedergabe.** In der Ballade erkennt man das am deutlichsten an den Widersprüchen zu den historisch verbürgten Ereignissen: Die beschriebene Episode der zweiten Strophe beispielsweise wird historisch nicht belegt, doch ein bloßes „Märchen" (V. 40) im Sinne einer erfundenen Geschichte ist die Hinrichtung König Karls I. ebenfalls nicht. Poetisch wird die Darstellung vor allem durch die bildhafte Sprache: Das **Symbol der entblätterten Rose** im Refrain der ersten Strophe zum Beispiel lässt sich bereits als **Vorausdeutung** auf die Enthauptung Karls im Refrain der zweiten Strophe deuten.

Bei der poetischen Widergabe der Realität nutzt Meyer vor allem symbolhaftes Sprechen. Die historische Figur wird dabei aus ihren realen historischen Bedingungen ein Stück weit gelöst und zur Verkörperung eines schuldig gewordenen Menschen, der die Konsequenzen seiner Tat ahnt und erleidet.

Stichworte:

- Form der Ballade für Meyer wichtig
- Rose als symbolische Erweiterung über das Reale hinaus
- symmetrische Struktur (zwei gleich große Erzählteile)
- inhaltlich antipodische Anlage
- optimistische Frühlingsstimmung versus apokalyptische Winterstimmung
- Widersprüche zu historischen Ereignissen verweisen auf realistisches Literaturprogramm

Glossar

Allegorie
(griech. „bildliche Redeweise", „etwas anderes sagen")
Bildhaft-konkrete Darstellung von etwas Abstraktem, Allegorie ist das, was sie meint (im Unterschied zum → Symbol).
Beispiel: Greis, der das Alter darstellt.

Alliteration
(aus lat. „hinzu" + „Buchstabe")
Gleicher Anlaut der Konsonanten der Stammsilbe (Stabreim), vgl. → Assonanz.
Beispiel: „**G**estalt **g**ewinnt"
(Keller, *Die Zeit geht nicht*)

Alternation
(lat. „abwechseln")
Regelmäßiger Wechsel von einsilbiger → Hebung und einsilbiger → Senkung.
Beispiel: „Die alte Heimat seh' ich wieder"
(Keller, *Land im Herbste*)

Amplifikation
Wiederholte Beschreibung eines Sachverhaltes zur Intensivierung des Ausdrucks.
Beispiel: „Bodenlos, ganz ohne Boden"
(Storm, *Geh nicht hinein*)

Anapäst
(aus griech. „Zurückschlagen")
Dreisilbiger → Versfuß (→ Metrum), der aus zwei kurzen (unbetonten) Silben und einer langen (betonten) Silbe besteht.
Beispiel: „Anapäst"
⌣⌣–

Glossar

Anapher
(griech. Beziehung)
Wiederholung desselben Wortes oder derselben Wortgruppe am Anfang von aufeinander folgenden Sätzen oder Satzgliedern. Gegensatz: → Epipher.
Beispiel:
"**Ist sie** dann gleichwol was / wem ist jhr Thun bewust? /
Ist sie auch gut vnd recht / wie bringt sie böse Lust?"
(Martin Opitz, *Francisci Petrarchae*)

Anrede
Formulierung, die sich an den Leser wendet.

Antithetik
(aus lat. „gegen" + „Behauptung")
Gegenüberstellung von Begriffen oder Inhalten.
Beispiel: Aufbau von Kellers *Die Rose von Newport*

Antonym
Gegenwort, Wort, das einem anderen in seiner Bedeutung entgegengesetzt ist (z. B Mann/Frau).

Apodiktische Aussagen
(griech. „Nachweis", „Beweis")
Keinen Widerspruch duldende Aussagen.

Apokope
(griech. „das Abschlagen")
Abfall eines Lautes oder eine Silbe am Wortende („hatt'" für „hatte").

Archaisierung
(griech. „Anfang")
Benutzung altertümlicher Wörter.
Beispiel: „sintemal" (für „da")

Glossar

Assonanz
(griech. „gleich tönend")
Halbreim durch Gleichklang der Vokale.
Beispiel: u-Assonanz in: „Grau ist der Schuh an seinem Fuße, Grau Hut und Kleid, wie Luft und Land"
(Keller, *Land im Herbste*)

Attribute
(lat. „Eigenschaft")
Beifügung zur genaueren Bestimmung der Eigenschaft.
Beispiel: „feuchten Duft"
(Keller, *Land im Herbste*)

Auftakt
Unbetonte, der ersten Hebung vorangehende Silbe(n) am Versanfang.
Beispiel:
„Mir ist ich weiß nicht wie / ich seuffze für und für."
(Andreas Gryphius, *Thränen in schwerer Krankheit*)

Aufzählungen
(→ Trias)
Häufung von Begriffen oder Ausdrücken.

Ausruf
Ausrufungssatz.
Beispiel: „Abend ist es ja!" (C. F. Meyer, *In der Dämmerung*)

Binnenreim
→ Reimformen

Bild
Sprachliche Form des anschaulichen, aber uneigentlichen Sprechens, d. h., der sprachliche Ausdruck meint nicht das Bild, sondern

etwas anderes. Das sprachliche Bild kann verschiedene Formen haben, z. B. → Allegorie, → Emblem, → Metapher, → Personifizierung, → Symbol, → Synekdoche, → Vergleich.
Beispiel: „Hektor ist stark wie ein Löwe."

Chevy-Chase-Strophe
(engl. „Jagd auf den Cheviot-Bergen")
Strophenform der englischen Volksballade (15. Jh.) mit folgendem Aufbau:
∪-∪-∪-∪-
∪-∪-∪-
∪-∪-∪-∪-
∪-∪-∪-
Charakteristisch ist besonders die männliche Kadenz aller Verse.
Beispiel:
„Ich hab es getragen sieben Jahr,
Und ich kann es nicht tragen mehr!
Wo immer die Welt am schönsten war,
da war sie öd und leer."
(Fontane, *Archibald Douglas*)

Daktylus
(griech. „Finger")
Dreisilbiger → Versfuß (Metrum), der aus einer langen (betonten) Silbe und zwei kurzen (unbetonten) Silben besteht.
Beispiel: „Daktylus"
–∪∪

Diminutiv
(lat. „Verkleinerung")
Verkleinerungsform eines Nomens durch Anhängung von -chen.
Beispiel: „Kindchen"

Dingsymbol
(Ding + griech. „Kennzeichen", „Merkmal")

Gegenstand mit übertragener Bedeutung und Leitmotivcharakter
(→ Symbol).
Beispiel: das Wasser in C. F. Meyers *Schwüle*

Ellipse
(griech. „Auslassung")
Auslassung eines Wortes/Satzgliedes in einem Satz
Beispiel: „Bleich das Leben! Bleich der Felsenhang!"
(C. F. Meyer, *Schwüle*)

Emblem
(griech. „Einlegearbeit")
Kunstform, im Barock entstanden, die in einer Dreiteilung in Überschrift („inscriptio"), Bild („pictura") und erläuterndem Text („subscriptio") die symbolische Darstellung eines Sachverhaltes unternimmt.

Emphase
Nachdruck im Reden, Eindringlichkeit.

Endreim
Gleichklang einer oder mehrerer Silben von der letzten Hebung an.

Enjambement
(frz. „Überschreitung")
Zeilensprung, Vers- und Satzende stimmen nicht überein, dadurch besondere Hervorhebung des Inhalts, Zeichen von Zusammenordnung / Zusammengehörigkeit, Steigerung der Dynamik.
Beispiel: „Dicht ich unter meinen Füssen sah
Ihre weisse Schönheit Glied um Glied." (Keller, *Winternacht*)

Epigramm
(griech. „Aufschrift")
Sinngedicht, meist als Zweizeiler, das einen Gedanken treffend formuliert (Kurzform der → Gedankenlyrik).

Beispiel: „Spruch, Widerspruch: Ihr müsst mich nicht durch Widerspruch verwirren!
Sobald man spricht, beginnt man schon zu irren."
(Goethe, *Epigrammatisch*)

Epipher
(griech. „Zugabe")
Wiederholung desselben Wortes oder derselben Wortgruppe am Ende aufeinander folgender Satzglieder oder Sätze.
Beispiel:
„Ich sah auf dich und weinte nicht. Der Schmerz
Schlug meine Zähne knirschend auseinander;
Ich weinte nicht."
(Friedrich Schiller, *Don Karlos*)

Erlebnislyrik
Begriff für ein Gedicht, in dem ein lyrisches Ich Stimmungen und Gefühle ausdrückt; diese Stimmungen beeinflussen die äußere Wahrnehmung.
Beispiel: Eichendorff, *Mondnacht*

Farbsymbol
(Farbe + griech. „Kennzeichen", „Merkmal")
Konkrete Zeichen, in diesem Falle Farben, die auf abstrakte Inhalte hindeuten. Beispiele für Farbsymbole und ihre gängigen Bedeutungen:
– **braun:** Farbe des Bodens, mütterliche Farbe, im Mittelalter Symbol der Demut; auch Farbe der Nationalsozialisten
– **blau:** Farbe der Unendlichkeit, Sehnsucht, Treue und Verlässlichkeit, auch Farbe der Trauer und des Bösen
– **gelb:** Fruchtbarkeit, Sinnlichkeit, auch negativ als Farbe der Ausgestoßenen, Farbe des Neides
– **grün:** Farbe der Hoffnung, des aufbrechenden Lebens, der Liebe, auch negativ als Farbe des Todes

Glossar

- **weiß:** Farbe der Reinheit, der Unschuld, auch als Farbe der Trauer
- **rot:** Farbe des Lebens, der Liebe, auch für Kampf, Gefahr, Blut; in der Bibel auch für Sünde
- **violett:** Treue, auch Buße
- **schwarz:** Farbe des Unglücks, der Trauer, des Bösen

Gedankenlyrik
Gedicht, in dem im Unterschied zur → Erlebnislyrik philosophische oder theologische Gedanken gestaltet werden.
Beispiel: → Epigramm

Gleichnis
Erweiterter Vergleich, bei dem ein „tertium comparationis" – ein Vergleichspunkt – die Verbindung zwischen Bild- und Sachhälfte durch Vergleichspartikel herstellt.
Beispiel: Johann Wolfgang von Goethe, *Gesang der Geister über den Wassern*

Hiat
(lat. „Kluft") Auch: Hiatus. Das Zusammentreffen zweier Vokale zwischen zwei Wörtern (z. B. „wollte er") oder zweier Vokale, die zu zwei verschiedenen Silben gehören, im Wortinnern (Binnenhiatus). Der Hiatus wurde in der antiken Dichtung durch z. B. durch Elision (Schwund des unbetonten „e" vor weiterem Vokal: „das mein ich") umgangen.

Hebung
Bezeichnung für die betonte Silbe im Vers, Kennzeichnung.
z. B. mit – oder mit ´x

Hypotaxe
(griech. „Unterordnung")
Fügung aus Haupt- und Nebensatz

Beispiel: „Wenn ich, von deinem Anschaun tief gestillt,
mich stumm an deinem heil'gen Wert vergnüge,
dann hör' ich recht die leisen Atemzüge
des Engels, welcher sich in dir verhüllt"
(Mörike, *An die Geliebte*)

Inversion
(lat. „Umstellung")
Umkehr der gewöhnlichen Wortfolge, meist Subjekt nach Prädikat, Herausstellung bedeutungstragender Wörter, Erhöhung der Eindringlichkeit.
Beispiel: „Dicht ich unter meinen Füssen sah/ Ihre weisse Schönheit Glied um Glied." (Keller, *Winternacht*)

Jambus
(griech. „schleudern")
Zweisilbiger → Versfuß, der aus einer kurzen (unbetonten) und einer langen (betonten) Silbe besteht.
Beispiel: „Die alte Heimat seh' ich wieder"
(Keller, *Land im Herbste*)

Kadenz
(zu lat. „fallen")
Form des Versendes, einsilbig (stumpfe oder männliche Kadenz) oder zweisilbig (klingende oder weibliche Kadenz).
Beispiel:
– männliche Kadenz:
„Acht Pfennige, das war das ganze **Geld**.
Ich scharrt' ihn ein auf selbigem **Feld**"
(Adalbert Chamisso, *Die Sonne bringt es an den Tag*)
– weibliche Kadenz:
„Ein Fluch dem König, dem König der **Reichen**,
Den unser Elend nicht konnt **erweichen**"
(Heinrich Heine, *Die schlesischen Weber*)

Glossar

Kehrreim
→ Refrain

Klimax
(griech. „Leiter")
Steigernde Aufzählung vom schwächeren zum stärkeren Begriff
(Gegenteil: Antiklimax)
Beispiel: „Er kam, sah, siegte."

Knittelvers
Paarweise gereimter Vierheber, beliebt vor allem in volkstümlichen Versen oder in Kinderliedern; freie Knittelverse weisen unregelmäßige Füllung der Senkungen auf, strenge Knittelverse füllen die Senkung nur mit einer Silbe.
Beispiel:
„Da steh ich nun ich armer Tor,
Und bin so klug als wie zuvor!
Heiße Magister, heiße Doktor gar,
Und ziehe schon an die zehen Jahr'
Herauf, herab und quer und krumm
Meine Schüler an der Nase herum –
Und sehe, daß wir nichts wissen können!
Das will mir schier das Herz verbrennen." (Goethe, Faust)

Konnotation
(lat. „Mitbedeutung")
Mit einem Wort verbundene zusätzliche Vorstellung, Assoziation; erschließt sich meist aus dem Kontext.
Beispiel: Wärme bei „Sonne", Erotik bei „Lippen"

Kreuzreim
→ Reimformen

Lautmalerei
Nachahmung von Lauten mit Hilfe der zur Verfügung stehenden Wörter.

Beispiel:
„Es klappert die Mühle am rauschenden Bach:
Klipp. Klapp!"
(Paul Anschütz)

Leitmotiv
Gegenstand, Situation oder Formulierung, die durch Wiederholung der Charakterisierung bzw. als Strukturhilfe dient.
Beispiel: das Wasser in C. F. Meyers *Schwüle*

Lied
Sangbare oder tatsächlich zu einer Melodie gesungene, strophisch gegliederte und gleichmäßig aufgebaute lyrische Kurzform, besonders in der Romantik beliebt, vgl. Vertonungen von Schubert; Bezeichnung steht auch für einfache Gedichte mit besonderer Betonung des Rhythmus.
Beispiel: Storm, *Die Nachtigall*

Litotes
(griech. „Einfachheit", „Sparsamkeit")
Verneinung des Gegenteils.
Beispiel: „nicht schlecht"

Lyrisches Ich
Bezeichnung für den Sprecher im Gedicht (entspricht dem Erzähler in epischen Texten), darf nicht mit dem Dichter verwechselt werden, auch wenn es ihm in Stimmungen und Gedanken sehr nahe kommen mag.

Metapher
(griech. „Übertragung")
Bildhafter Ausdruck, bildhafte Unterstützung der Aussage, Verstärkung der Suggestion im Dienste von Aufwertung oder Abwertung,

Übertragung von Begriffen aus einem anderen Vorstellungsbereich.
Beispiel: „goldene Herbsteszeit" (Fontane, *Herr von Ribbeck*)

Metonymie
(aus griech. „einen anderen Namen bekommen")
Umbenennung, indem verwandte Begriffe, die in einer realen (räumlichen, zeitlichen oder ursächlichen) Beziehung zueinander stehen, vertauscht werden.
Beispiel:
„Sie liest Kafka." (Hier steht der Name des Autors für das Werk.)

Metrum
(griech. „Maß")
1. Bezeichnung für kleinste Einheit im Vers (= Versfuß), mehrere Metren bilden das Versmaß
2. Bezeichnung für Versmaß, das sich nach Betonung und Dauer bestimmt und den Takt (Versfuß) als kleinste rhythmische Einheit hat.
Aufgrund der natürlichen Sinnbetonung unterscheidet man die Versfüße → Jambus, → Trochäus, → Daktylus, → Anapäst.

Motiv
(lat. „bewegen")
Beweggrund von Handlung; in der Dichtung auch als abstraktes thematisches Grundschema.
Beispiel: Motiv der zwei Identitäten in Annette von Droste-Hülshoffs *Judenbuche* und *Das Spiegelbild*

Naturlyrik
Bezeichnung für Gedichte mit Beschreibungen von Naturerscheinungen. Oft mit Liebeserlebnissen gekoppelt.
Beispiel: Johann Wolfgang von Goethe, *Mailied*

Glossar

Oxymoron
(aus griech. „scharf" + „dumm")
Verbindung einander widersprechender Begriffe.
Beispiel: „kalte Hitze"

Paarreim
→ Reimformen

Paradoxon
(griech. „gegen" + „Meinung", „Lehre")
Scheinwiderspruch.
Beispiel: „Alltags mit den Offiziellen
Weiß ich mich immer gut zu stellen,
Aber feiertags was Fremdes sie haben.
Besonders wenn sie einen begraben"
(Fontane, *Auf dem Matthäikirchhof*)

Parallelismen
(griech. „gleichlaufend")
Wiederholung von gleichen syntaktischen Fügungen.

Parataxe
(griech. „Danebenstellen")
Aneinanderreihung von Hauptsätzen.
Beispiel: „Ernst isst, Heike schläft, Klaus singt und Henriette liest."

Pars pro toto
→ Synekdoche

Personifizierung
(aus griech. „Person" + „machen")
Vermenschlichung.
Beispiel: „Die Zeit geht nicht, sie stehet still"
(Keller, *Die Zeit geht nicht*)

Pleonasmus
(aus griech. „reichlich vorhanden sein")
Zusammenstellung von Wörtern mit ähnlicher Bedeutung.
Beispiel: „weißer Schimmel"

Poesie
(griech. „machen")
Allgemeine Bezeichnung für Dichtung; als Bezeichnung für Versdichtung steht sie im Gegensatz zur → Prosa.

Pointe
(frz. „Spitze, Schärfe")
Überraschende und effektvolle Wendung durch einen geistreichen Schlussgedanken.

Polysyndeton
(aus gr. „viel" + „verbunden")
Verbindung einzelner Wörter oder Satzglieder mit der gleichen Konjunktion.
Beispiel: „Die Zeitung und das Fernsehen und das Radio und das Internet
sind wichtige Informationsquellen."

Prosa
(lat. „geradeaus gehende Rede")
Nicht durch Reim oder Metrum gebundene Redeweise, Gegensatz zur → Poesie im engeren Sinne.

Refrain
(provenz. „regelmäßiges Sichbrechen der Wellen an Klippen")
Wörtliche oder leicht veränderte Wiederholung eines Textteils in einem Gedicht oder einem Lied.
Beispiel: „Morgen erzählen die Linden das Märchen
Von der entblätterten Rose von Newport. (...)

Morgen erzählen die Linden das Märchen
Von dem enthaupteten König von England."
(Meyer, *Die Rose von Newport*)

Reim
Gleichklang zweier oder mehrerer Wörter vom letzten betonten Vokal an.
Beispiel: „Die Mitternacht zog näher schon;
In stummer Ruh lag Babylon."
(Heine, *Belsazar*)

Reimformen
  Binnenreim: Reimwörter innerhalb einer Verszeile.
  Beispiel: „Vom Himmel kommt es,
  Zum Himmel steigt es,
  Und wieder nieder
  Zur Erde muss es
  Ewig wechselnd."
  (Goethe, *Gesang der Geister über den Wassern*)

  Kreuzreim: abab
  Beispiel: „Die alte Heimat seh' ich wieder,
  Gehüllt in herbstlich feuchten Duft;
  Er träufelt von den Bäumen nieder,
  Und weithin dämmert grau die Luft."
  (Keller, *Land im Herbste*)

  Paarreim: aabb
  Beispiel: „Kein Klang der aufgeregten Zeit
  Drang noch in diese Einsamkeit."
   (Storm, *Abseits*)

  Umschließender Reim: abba
  Beispiel: „Sooft der Mond mag scheinen,

Gedenk' ich dein allein,
Mein Herz ist klar und rein,
Gott wolle uns vereinen!"
(Brentano, *Der Spinnerin Lied*)

Schweifreim: aabccb
Beispiel: "Als mitten in dem Feld mich / HErr / der Todt ergriff /
Der hinter mir in Sturm / vor mir in Flammen lieff /
Vor mir die Bahn verfällt / und über mir die Hütten
In leichte Splitter stieß. Doch lebt ich / HErr / durch dich /
Mir selber war ich todt / dein Engel wacht um mich /
Stets neu gebohren wird / den GOtt wil stets begütten."
(Gryphius, *Auf das grausame Ungewitter*)

Reiner Reim
Reimsilben zweier Verse sind vollkommen identisch.
Beispiel: "verwesen", "erlesen"

Rhetorische Fragen
Uneigentliche Fragen, die Zustimmung oder Ablehnung implizieren.
Beispiel: "Ist damit nicht alles in bester Ordnung?"

Rhythmus
(zu griech. "fließen")
Harmonische Sprachbewegung, die aus dem Metrum und der dem natürlichen Sinn folgenden Betonung resultiert.

Rührender Reim
Gleichklang zweier oder mehrer Wörter vom letzten betonten Vokal an, der auch die davor stehenden Konsonanten einschließt.
Beispiel: "schwirrt es / Wirtes"

Glossar

Schüttelreim
Reimspiel durch Vertauschung der anlautenden Konsonanten der Reimsilben.
Beispiel: „Karl geht es heute richtig schlecht // Er gab mir vorhin sogar Recht."

Schweifreim
→ Reimformen

Senkung
Unbetonte Silbe im Gegensatz zur betonten Silbe (→ Hebung). Kennzeichnung z. B. mit ∪ oder x.

Sinnbild
Deutsches Wort für → Symbol bzw. → Emblem.

Sinngedicht
Deutsches Wort für → Epigramm

Sonett
(zu ital. „Ton", „Klang")
Streng aufgebaute Gedichtform, bestehend aus zwei Quartetten und zwei Terzetten.
Beispiel: Hebbel, *Mysterium*

Stabreim
→ Alliteration

Stimmungslyrik
→ Erlebnislyrik

Strophe
(griech. „Wendung")

Verbindung mehrerer Verse zu einer Sinneinheit als (auch optisches) Gliederungselement eines Gedichtes.
Beispiel: „Zum Frühstück Meister Nikolas;
Die junge Hausfrau schenkt' ihm ein,
Es war im heitern Sonnenschein. –
Die Sonne bringt es an den Tag.
Die Sonne blinkt von der Schale Rand,
Malt zitternde Kringeln an die Wand;
Und wie den Schein er ins Auge fasst,
So spricht er für sich, indem er erblasst:
‚Du bringst es doch nicht an den Tag.'"
(Chamisso, *Die Sonne bringt es an den Tag*)

Symbol
(griech. „Kennzeichen", „Merkmal")
Konkrete Zeichen, die auf abstrakten Inhalt hindeuten.
Beispiel: Herz als Symbol für Liebe

Synästhesie
(aus griech. „zusammen" + „Wahrnehmung")
Vermischung verschiedener Sinneswahrnehmungen
Beispiel: Hebbel, *Sommerbild* (V. 1 und V. 5)

Synekdoche
(griech. „andeutend")
Engerer Begriff steht für weiteren Begriff, ein Teil steht für das Ganze („pars pro toto").
Beispiel: „der Mensch" für „die Menschheit"

Synkope
(griech. „zusammenschlagen")
In der Verslehre der Ausfall einer Senkung im Vers.

Takt
→ Metrum

Glossar

Trochäus
(griech. „laufen")
Zweisilbiger Versfuß, der aus einer langen (betonten) und einer kurzen (unbetonten) Silbe besteht.
Beispiel: „Mauer" (–∪), „Leben" (–∪)

Umschließender Reim
→ Reimformen

Unreiner Reim
Reimsilben zweier Verse sind ähnlich, aber nicht identisch
Beispiel: „spannte" / „Lande"

Vergleich
Verbindung zweier Bereiche mittels eines Vergleichspunkts („tertium comparationis"), zumeist mit dem Vergleichswort „wie".
Beispiel: „Er ist so stark wie ein Löwe."

Vers
(lat. „Reihe", „Zeile", „Umwendung")
Gegliederte, poetisch gestaltete Wortfolge (Gegensatz: Prosa).
Beispiel: „Gemächlich in der Werkstatt saß
Zum Frühstück Meister Nikolas;
Die junge Hausfrau schenkt' ihm ein,
Es war im heitern Sonnenschein. –
Die Sonne bringt es an den Tag."
(Chamisso, *Die Sonne bringt es an den Tag*)

Versfuß
→ Metrum

Versmaß
→ Metrum

Glossar

Waise
Reimloser Vers innerhalb eines gereimten Versgefüges
Beispiel: „Die Sonne bringt es an den Tag."
(Chamisso, *Die Sonne bringt es an den Tag*)

Wiederholung
Begriffe oder ganze Sätze werden wortgleich mehrfach verwendet.
Beispiel: „Sterne, Sterne" (V. 3)"
(C. F. Meyer, *Schwüle*)

Literaturverzeichnis

Primärtexte

Droste-Hülshoff, Annette von: *Das Spiegelbild.* In: Dies.: Werke in einem Band. Hrsg. von Clemens Heselhaus. München: Hanser, 6. Aufl. 1996, S. 149 f.
Droste-Hülshoff, Annette von: *Die Judenbuche.* In: Dies.: Werke in einem Band. Hrsg. von Clemens Heselhaus. München: Hanser, 6. Aufl. 1996, S. 629-683.
Droste-Hülshoff, Annette von: *Im Grase.* In: Dies.: Werke in einem Band. Hrsg. von Clemens Heselhaus. München: Hanser, 6. Aufl. 1996, S. 242 f.
Fontane, Theodor: *Archibald Douglas.* In: Ders.: Werke, Schriften und Briefe: Bd. 6: Sämtliche Romane, Erzählungen, Gedichte, Nachgelassenes. Hrsg. von Walter Keitel und Helmuth Nürnberger. München: Hanser, 1978, S. 9-12.
Fontane, Theodor: *Auf dem Matthäikirchhof.* In: Ders.: Werke, Schriften und Briefe: Bd. 6: Sämtliche Romane, Erzählungen, Gedichte, Nachgelassenes. Hrsg. von Walter Keitel und Helmuth Nürnberger. München: Hanser, 1978, S. 373 f.
Fontane, Theodor: *Herr von Ribbeck auf Ribbeck im Havelland.* In: Ders.: Werke, Schriften und Briefe: Bd. 6: Sämtliche Romane, Erzählungen, Gedichte, Nachgelassenes. Hrsg. von Walter Keitel und Helmuth Nürnberger. München: Hanser, 1978, S. 255 f.
Fontane, Theodor: *John Maynard.* In: Ders.: Werke, Schriften und Briefe: Bd. 6: Sämtliche Romane, Erzählungen, Gedichte, Nachgelassenes. Hrsg. von Walter Keitel und Helmuth Nürnberger. München: Hanser, 1978, S. 287-289.
Fontane, Theodor: *[Realismus].* In: Gerhard Plumpe (Hrsg.): Theorie des bürgerlichen Realismus. Eine Textsammlung. Stuttgart: Reclam 1985, S. 140-148.

Literaturverzeichnis

Hebbel, Friedrich: *Abendgefühl.* In: Ders.: Werke, Bd. 3. Hrsg. v. Gerhard Fricke, Werner Keller und Karl Pörnbacher. München: Hanser, 1965, S. 47.

Hebbel, Friedrich: *An den Tod.* In: Ders.: Werke, Bd. 3. Hrsg. v. Gerhard Fricke, Werner Keller und Karl Pörnbacher. München: Hanser, 1965, S. 75 f.

Hebbel, Friedrich: *Die Rosen.* In: Ders.: Sämtliche Werke. Historisch-kritische Ausgabe. Hrsg. von Richard Maria Werner. 1. Abt.: Werke, Bd. 6. Berlin: Behr 1911 ff., S. 229.

Hebbel, Friedrich: *Die Rosen im Süden.* In: Ders.: Sämtliche Werke. Historisch-kritische Ausgabe. Hrsg. von Richard Maria Werner. 1. Abt.: Werke, Bd. 6. Berlin: Behr 1911 ff., S. 277.

Hebbel, Friedrich: *Herbstbild.* In: Ders.: Werke, Bd. 3. Hrsg. v. Gerhard Fricke, Werner Keller und Karl Pörnbacher. München: Hanser, 1965, S. 50.

Hebbel, Friedrich: *Mysterium.* In: Ders.: Werke, Bd. 3. Hrsg. v. Gerhard Fricke, Werner Keller und Karl Pörnbacher. München: Hanser, 1965, S. 112 f.

Hebbel, Friedrich: *Nachtlied.* In: Ders.: Werke, Bd. 3. Hrsg. v. Gerhard Fricke, Werner Keller und Karl Pörnbacher. München: Hanser, 1965, S. 9.

Hebbel, Friedrich: *Sommerbild.* In: Ders.: Werke, Bd. 3. Hrsg. v. Gerhard Fricke, Werner Keller und Karl Pörnbacher. München: Hanser, 1965, S. 49.

Heine, Heinrich: *Entartung.* In: Ders.: Werke. Hrsg. von Stuart Atkins unter Mitwirkung von Oliver Boeck. Bd. II. München: Beck, 1978, S. 526 f.

Keller, Gottfried: *Die Zeit geht nicht.* In: Ders.: Gedichte. Sämtliche Werke, Bd. 1. Hrsg. von Kai Kauffmann. Frankfurt am Main: Deutscher Klassiker Verlag, 1995, S. 511 f.

Keller, Gottfried: *Ich hab' in kalten Wintertagen.* In: Ders.: Gedichte. Sämtliche Werke, Bd. 1. Hrsg. von Kai Kauffmann. Frankfurt am Main: Deutscher Klassiker Verlag, 1995, S. 511.

Keller, Gottfried: *Land im Herbste*. In: Ders.: Gedichte. Sämtliche Werke, Bd. 1. Hrsg. von Kai Kauffmann. Frankfurt am Main: Deutscher Klassiker Verlag, 1995, S. 428.

Keller, Gottfried: *Sommernacht*. In: Ders.: Gedichte. Sämtliche Werke, Bd. 1. Hrsg. von Kai Kauffmann. Frankfurt am Main: Deutscher Klassiker Verlag, 1995, S. 394 f.

Keller, Gottfried: *Winternacht*. In: Ders.: Gedichte. Sämtliche Werke, Bd. 1. Hrsg. von Kai Kauffmann. Frankfurt am Main: Deutscher Klassiker Verlag, 1995, S. 432 f.

Ludwig, Otto: *[Der poetische Realismus] (1872)*. In: Gerhard Plumpe (Hrsg.): Theorie des bürgerlichen Realismus. Eine Textsammlung. Stuttgart: Reclam 1985, S. 148–150.

Meyer, Conrad Ferdinand: *Auf Goldgrund*. In: Ders.: Sämtliche Werke. Historisch-kritische Ausgabe, Bd. 1. Besorgt von Hans Zeller und Alfred Zäch. Bern: Benteli, 1963, S. 84.

Meyer, Conrad Ferdinand: *Der Gesang des Meeres*. In: Ders.: Sämtliche Werke. Historisch-kritische Ausgabe, Bd. 1. Besorgt von Hans Zeller und Alfred Zäch. Bern: Benteli, 1963, S. 183.

Meyer, Conrad Ferdinand: *Der Marmorknabe*. In: Ders.: Sämtliche Werke. Historisch-kritische Ausgabe, Bd. 1. Besorgt von Hans Zeller und Alfred Zäch. Bern: Benteli, 1963, S. 31.

Meyer, Conrad Ferdinand: *Der römische Brunnen*. In: Ders.: Sämtliche Werke. Historisch-kritische Ausgabe, Bd. 1. Besorgt von Hans Zeller und Alfred Zäch. Bern: Benteli, 1963, S. 170.

Meyer, Conrad Ferdinand: *Die Rose von Newport*. In: Ders.: Gesammelte Werke. Hrsg. von Wolfgang Ignée. Bd. 4: Gedichte und Balladen. München: nymphenburger, 1985, S. 283 f.

Meyer, Conrad Ferdinand: *In der Dämmerung*. In: Ders.: Sämtliche Werke. Historisch-kritische Ausgabe, Bd. 2. Besorgt von Hans Zeller und Alfred Zäch. Bern: Benteli, 1964, S. 318 f.

Meyer, Conrad Ferdinand: *Im Spätboot*. In: Ders.: Sämtliche Werke. Historisch-kritische Ausgabe, Bd. 1. Besorgt von Hans Zeller und Alfred Zäch. Bern: Benteli, 1963, S. 80.

Literaturverzeichnis

Meyer, Conrad Ferdinand: *Schwüle*. In: Ders.: Gesammelte Werke. Hrsg. von Wolfgang Ignée. Bd. 4: Gedichte und Balladen. München: nymphenburger, 1985, S. 43 f.

Meyer, Conrad Ferdinand: *Zwei Segel*. In: Ders.: Sämtliche Werke. Historisch-kritische Ausgabe, Bd. 1. Besorgt von Hans Zeller und Alfred Zäch. Bern: Benteli, 1963, S. 196.

Mörike, Eduard: *An die Geliebte*. In: Ders.: Werke in einem Band. Hrsg. von Herbert G. Göpfert. München: Hanser, 4., durchges. Aufl. 1993, S. 124.

Mörike, Eduard: *Das verlassene Mägdlein*. In: Ders.: Werke in einem Band. Hrsg. von Herbert G. Göpfert. München: Hanser, 4., durchges. Aufl. 1993, S. 50 f.

Mörike, Eduard: *Er ist's*. In: Ders.: Werke in einem Band. Hrsg. von Herbert G. Göpfert. München: Hanser, 4., durchges. Aufl. 1993, S. 29.

Mörike, Eduard: *Fußreise*. In: Ders.: Werke in einem Band. Hrsg. von Herbert G. Göpfert. München: Hanser, 4., durchges. Aufl. 1993, S. 31 f.

Mörike, Eduard: *Septembermorgen*. In: Ders.: Werke in einem Band. Hrsg. von Herbert G. Göpfert. München: Hanser, 4., durchges. Aufl. 1993, S. 94.

Rochau, Ludwig August von: *Der politische Idealismus und die Wirklichkeit*. In: Gerhard Plumpe (Hrsg.): Theorie des bürgerlichen Realismus. Eine Textsammlung. Stuttgart: Reclam 1985, S. 60–67.

Schmidt, Julian: *[Wahrer und falscher Realismus] [1858]*. In: Gerhard Plumpe (Hrsg.): Theorie des bürgerlichen Realismus. Eine Textsammlung. Stuttgart: Reclam 1985, S. 119–121.

Storm, Theodor: *Abseits*. In: Ders.: Werke in einem Band. Hrsg. von Peter Goldammer. München: Hanser, 1988, S. 10.

Storm, Theodor: *Besprechung von M. A. Niendorfs „Liedern der Liebe"*. In: Ludwig Völker (Hrsg.): Lyriktheorie. Texte vom Barock bis zur Gegenwart. Stuttgart: Reclam, 1990, S. 225 f.

Storm, Theodor: *Die Nachtigall*. In: Ders.: Werke in einem Band. Hrsg. von Peter Goldammer. München: Hanser, 1988, S. 14 f.

Storm, Theodor: *Geh nicht hinein*. In: Ders.: Werke in einem Band. Hrsg. von Peter Goldammer. München: Hanser, 1988, S. 90 f.
Storm, Theodor: *Im Herbste 1850*. In: Ders.: Werke in einem Band. Hrsg. von Peter Goldammer. München: Hanser, 1988, S. 56.
Storm, Theodor: *Meeresstrand*. In: Ders.: Werke in einem Band. Hrsg. von Peter Goldammer. München: Hanser, 1988, S. 12 f.
Uhland, Ludwig: *Des Sängers Fluch*. In: Ders.: Werke. Bd. 1: Sämtliche Gedichte. Hrsg. von Hartmut Fröschle und Walter Scheffler. München: Winkler, 1980, S. 252–254.

Forschungsliteratur

Ehlert, Klaus: *Realismus und Gründerzeit*. In: Beutin, Wolfgang u. a. (Hrsg.): Deutsche Literaturgeschichte. Von den Anfängen bis zur Gegenwart. 6. verb. und erw. Aufl. Stuttgart, Weimar: Metzler, 2001, S. 293–341.
Graeff, Thomas: Lyrik von der Romantik bis zur Jahrhundertwende. München: Oldenbourg, 2000.
Häntzschel, Jürgen (Hrsg.): *Vom Biedermeier zum Bürgerlichen Realismus*. Stuttgart: Reclam, 2007 (Gedichte und Interpretationen, Bd. 4).
Huyssen, Andreas (Hrsg.): *Bürgerlicher Realismus*. Stuttgart: Reclam, bibliogr. erg. Ausg. 1999 (Die deutsche Literatur in Text und Darstellung, Bd. 11).
***Kreuzer, Ingrid:** Auflösung und Individuation. Zu Hebbels Gedicht „An den Tod"*. In: Jürgen Häntzschel (Hrsg.): Vom Biedermeier zum Bürgerlichen Realismus. Stuttgart: Reclam, 2007 (Gedichte und Interpretationen, Bd. 4), S. 121–130.
Lurker, Manfred: *Wörterbuch der Symbolik*. Stuttgart: Kröner, 5., durchges. u. erw. Aufl. 1991.
Rinsum, Annemarie van; Rinsum, Wolfgang van: *Realismus und Naturalismus*. München: DTV, 1994 (Deutsche Literaturgeschichte, Bd. 7).

Literaturverzeichnis

Wilpert, Gero von: *Sachwörterbuch der Literatur.* Stuttgart: Kröner, 8., erw. u. verb. Aufl. 2001.

Zeller, Hans; Zeller, Rosmarie: *Zu Conrad Ferdinand Meyers „Rose von Newport".* In: Jürgen Häntzschel (Hrsg.): Vom Biedermeier zum Bürgerlichen Realismus. Stuttgart: Reclam, 2007 (Gedichte und Interpretationen, Bd. 4), S. 411–418.

Königs Erläuterungen Spezial

■ Lyrik verstehen leicht gemacht

♛ wichtige Prüfungsthemen in allen Bundesländern
♛ ideal zur Vorbereitung

♛ Umfassender Überblick über die Lyrik einer Epoche (mit Interpretationen)

Lyrik des Barock
Best.-Nr. 3022-8

Lyrik der Klassik
Best.-Nr. 3023-5

Lyrik der Romantik
Best.-Nr. 3024-2

Lyrik des Realismus
Best.-Nr. 3025-9

Lyrik des Expressionismus
Best.-Nr. 3026-6

Lyrik der Nachkriegszeit
Best.-Nr. 3027-3

Lyrik der Gegenwart
Best.-Nr. 3028-0

♛ Bedeutende Lyriker: Einführung in das Gesamtwerk und Interpretation der wichtigsten Gedichte

**Brecht
Das lyrische Schaffen**
Best.-Nr. 3052-5

**Goethe
Das lyrische Schaffen**
Best.-Nr. 3053-2

**Heine
Das lyrische Schaffen**
Best.-Nr. 3054-9

**Benn
Das lyrische Schaffen**
Best.-Nr. 3055-6

**Rilke
Das lyrische Schaffen**
Best.-Nr. 3056-3

Wie interpretiere ich ...?

Alles zum Thema Interpretation,
abgestimmt auf die individuellen Anforderungen

☙ Basiswissen
(Einführung und Theorie)
- grundlegende Sachinformationen zur Interpretation und Analyse
- Grundlagen zur Erstellung von Interpretationen
- Fragenkatalog mit ausgewählten Beispielen
- Analyseraster

☙ Anleitungen
(konkrete Anleitung - Schritt für Schritt,
mit Beispielen und Übungsmöglichkeiten)
- Bausteine einer Gedichtinterpretation
- Musterbeispiele
- Selbsterarbeitung anhand praxisorientierter Beispiele

☙ Übungen mit Lösungen
(prüfungsnahe Aufgaben zum Üben und Vertiefen)
- konkrete, für Klausur und Abitur typische Fragen und Aufgabenstellungen zu unterrichts- und lehrplanbezogenen Texten mit Lsg.
- epochenbezogenes Kompendium

Bernd Matzkowski
Wie interpretiere ich Lyrik?
Basiswissen Sek. I/II (AHS)
112 Seiten, mit Texten
Best-Nr. 1448-8

Thomas Brand
Wie interpretiere ich Lyrik?
Anleitung Sek. I/II (AHS)
205 Seiten, mit Texten
Best-Nr. 1512-6

Thomas Möbius
Wie interpretiere ich Lyrik?
Übungen mit Lösungen, Band 1
Mittelalter bis Romantik
Sek. I/II (AHS)
158 S., mit Texten
Best.-Nr. 1513-3

Thomas Möbius
Wie interpretiere ich Lyrik?
Übungen mit Lösungen, Band 2
Realismus bis Postmoderne
Sek. I/II (AHS)
149 S., mit Texten
Best.-Nr. 1461-7

Bernd Matzkowski
Wie interpretiere ich?
Sek. I/II (AHS)
114 Seiten
Best.-Nr. 1535-5

Bernd Matzkowski
Wie interpretiere ich Novellen und Romane?
Basiswissen Sek. I/II (AHS)
74 Seiten
Best-Nr. 1495-2

Thomas Brand
Wie interpretiere ich Novellen und Romane?
Anleitung Sek. I/II (AHS)
160 Seiten, mit Texten
Best.-Nr. 1471-6

Thomas Möbius
Wie interpretiere ich ein Drama?
Anleitung
204 Seiten, mit Texten
Best.-Nr. 1466-2

Thomas Möbius
Wie interpretiere ich ein Drama?
Übungen mit Lösungen
206 Seiten, mit Texten
Best.-Nr. 1467-9

Bernd Matzkowski
Wie interpretiere ich Fabeln, Parabeln und Kurzgeschichten?
Basiswissen 10.–13. Sj.,
96 Seiten, mit Texten
Best-Nr. 1519-5

Thomas Möbius
Wie interpretiere ich Fabeln, Parabeln und Kurzgeschichten?
Anleitung, 10.-13. Sj.
128 Seiten, mit Texten
Best-Nr. 1517-1

Thomas Möbius
Wie interpretiere ich Fabeln, Parabeln und Kurzgeschichten?
Übungen mit Lösungen, 10.-13. Sj.
ca. 200 Seiten, mit Texten
Best-Nr. 1518-8